AI와 과학 교육

AI문고

인공지능 시대입니다. 기계가 인간의 인지를 대신하고, 사물이 인간을 통하지 않고 다른 사물과 직접 커뮤니케이션합니다. 이에 따른 인간 삶과 문명 변화를 정확히 이해·예측·대응하는 것은 이 시대 우리 모두의 과제입니다. AI문고는 인공지능 기술과 환경의 여러 주제를 10가지 키워드로 정리합니다. 관련 개념과 이론, 학계와 산업계의 쟁점, 우리 일상의 변화를 다룹니다. 인간과 기술의 현재, 미래를 세심히 분석합니다.

일러두기

- 인명, 작품명, 저서명, 개념어 등은 한글과 함께 괄호 안에 해당 국가의 원어를 병기했습니다.
- 외래어 표기는 현행 어문규정의 외래어표기법을 따랐습니다. 다만 '딥러닝', '딥마인드', '딥페이크' 등은 관행을 따랐습니다.
- 이 책에서 특별히 언급하지 않는 한 "AI"는 Artificial Intelligence, 즉 인공지능을 의미합니다.
- 이 책에서 소개하는 논지 중에는 필자의 기존 논저와 기고문 등에서 요약 및 정리한 것이 포함되어 있습니다. 그러한 경우에는 가능한 한 꼼꼼히 인용 표기를 하였습니다.

처음이세요?

전문가세요?

AI와 과학 교육

이경건

대한민국, 서울, 커뮤니케이션북스, 2024

AI와 과학 교육

지은이 이경건
펴낸이 박영률

초판 1쇄 펴낸날 2024년 12월 30일

커뮤니케이션북스(주)
출판 등록 2007년 8월 17일 제313-2007-000166호
02880 서울시 성북구 성북로 5-11
전화(02) 7474 001, 팩스(02) 736 5047
commbooks@commbooks.com
www.commbooks.com

ISBN 979-11-7307-249-9 03500

책값은 뒤표지에 표시되어 있습니다.

차례

인간만의 전유물이 아닌 과학

인간은 자신이 어떠한 존재인지를 규명하고 확인하고 싶어 한다. 그런 면에서, 여타의 영장류로부터 인간을 구별하는 생물학적 종 명칭이 Homo sapiens 곧 '지혜로운 사람'으로 정해졌다는 것은 우리가 스스로를 지혜로운 존재들로서 규정하고 싶어 함을 방증한다. 그리고 오늘날의 인류가 지닌 가장 힘센 지혜는 아마도 과학일 것이다. 과학은 인간 개인과 사회의 잘 삶(well-being)을 증진하는 데 성공적으로 기여해 왔으며, 또한 나노미터 이하의 입자를 관찰하는 데서부터 심지어는 인간을 달로 보내거나 수억 광년 이상 떨어진 천체를 탐구하는 일까지도 가능하게 만들고 있다. 이처럼 자연 현상을 관찰하고, 설명하고, 예측할 뿐 아니라, 실험이라는 작업을 통해 자신의 가설을 검증해 나가는 고유한 능력은 지구상의 생물종 중 인간만이 가진 것으로 생각된다. 더군다나 인간은 그렇게 생성된 과학적 지식을 축적할 뿐 아니라 문자라는 상징 기호를 통해 후대로 전수하는 데까지 성공하였다. 몇몇 학자들이 유사한 표현을 사용한 바 있듯이, 인간을 가히 Homo scientificus, 곧 '과학하는 사람'이라고까지 해도 과언은 아닐 것이다. 그런데 지구상에 인간 외에 또 다른 과학하는 존재가 등장한다면 어떨까?

과학하는 AI

그동안의 과학 교육에서 과학 지식의 발견, 정당화, 배포는 의심의 여지 없이 오롯이 인간만의 것으로 여겨져 왔다. 그러나 21세기 들어 급속도로 발달하기 시작한 AI (artificial intelligence, 인공지능) 기술은 이렇듯 당연했던 인식에 질문을 던지고 있다. AI가 진정으로 무언가를 이해하고 있는지, 그렇다면/그렇지 않다면 과연 이해란 무엇인지 등에 대한 논쟁이 있는 것이 사실이다. 하지만 적어도 겉으로 보기에는 AI는 인간과의 상호작용 안에서 지능적인 행위와 반응을 하고 있다.

박스(Box, 1976)는 과학 학습이 자연 현상에 대한 통계적 모델을 구축하고 수정하는 작업 가운데 일어난다고 설명하였다. 이론, 모델, 가설 등에서 연역되는 결과와 주변 환경으로부터의 경험적 데이터로부터 확인되는 사실들 간의 차이를 줄여 나가는 것이 과학 학습이라는 것이다. 그런데 이러한 정의는 AI의 주요 구현 방법인 머신러닝(machine learning), 즉 기계의 통계적인 학습에서도 유사하게 발견된다. 머신러닝은 "경험에 기반하여 성능을 향상하는 능력"으로 정의되는바(Russell & Norvig, 2021, p.19), 역시 경험적 데이터와의 비교를 통한 피드백으로 AI의 내부적 모델을 업데이트하게 된다. 곧, 자연 현상에 관한 통계적인 모델링이라는 관점에서 본다면 머신러닝을 통해 AI가 지능적인 상태에 도달하는 과정은 인간이 과학을 학습하는 과정과 매우 유사하다고 할 수 있다. 더욱이, 오늘날 AI 분야의 급속한 발달을 이끈 딥러닝(deep learning) 방법은 인간의 신경 세포를 모사한 퍼셉트론(perceptron)을 층층이 쌓아 올린 아키텍처를 기반으로 하므로, 인간의 학습과 AI의 학습은 조그만 정보 처리 단위들의 크고 복잡한 연결이라는 구조적인 측면에서도 유사점이 있다.

물론 인간과 AI의 과학함은 유사함만큼이나 차이점 역시 지니고 있다. 그런데 그런 차이점은 일견 AI의 우수성을 더욱 돋보이게 하는 듯하다. 학자들은 기계는 인간에 비해서 더 많은 데이터를 빠르게 탐색할 수 있으므로 다양한 가설들을 발견, 검증, 정리하는 데 활용될 수 있으며 로봇이라는 물리적 실체를 가질 경우 실제로 실험을 수행하는 데까지도 나아갈 수 있다고 말한다(Gil et al., 2014; Kitano, 2016; Miljković et al., 2021).

이러한 예상이 그저 장밋빛 희망에 그치는 것만은 아니다. ≪사이언스(Science)≫지는 2017년에 이미 의(공)학, 산림학, 과학 교육, 식물학, 종양학, 천문학, 환경공학 등의 학자들이 어떻게 AI로부터 연구에 도움을 받고 있는지를 소개한 바 있다(Musib et al., 2017). 심쿠치 등(Szymkuć et al., 2016)은 유기화학자들에게 고된 작업의 하나였던 합성 경로 예측을 수행하는 AI 모델을 소개하였으며, 킹 등(King et al., 2009) 역시 효소 및 유전자와 관련된 생물학 실험을 수행하는 AI 로봇을 선보인 바 있다(위의 논의들에 관하여 Oh & Lee, 2024 참조). 특히 의학 분야의 경우 의학 이미지 · 영상 처리 분야에서 AI가 연구는 물론 머지않은 미래에 임상에까지도 큰 영향을 미칠 것으로 알려진다(Barragán-Montero et al., 2021). AI의 성능이 지속적으로 개선된다면, 언젠가는 인간보다도 더 과학을 잘 수행하는 모델들이 개발될지도 모를 일이다. 이미 우리가 익히 알고 있는 챗지피티(ChatGPT)의 경우에도, 비록 전문적인 영역에서는 정확성의 문제가 있겠으나 지구상의 어떤 개인보다도, 심지어 웬만한 과학자보다도 더 폭넓은 학부 수준 이상의 과학 지식을 가지고 있을 것이라고 본다.

또한 상기하였듯 AI는 더 이상 데이터를 분석하는 데만 사용되지 않으며, 자신의 신체를 가지고 물리적 세계를 탐험하게 될 것이다. 2024년 3월 13일, 피겨(Figure)라는 AI 로보틱스 회사는 챗지피티를 휴머노이드 로봇에 탑재한 실험 결과를 동영상으로 공개한 바 있다(https://x.com/Figure_robot). 해당 로봇은 사람의 요청에 따라 자신의 다섯 손가락 달린 손을 사용하여 주방에서 사과를 사람에게 건네주거나 접시 등의 물건을 정확하게 옮길 수 있었다. 또한 테이블 위에 있는 물건 중 사과만이 사람이 먹을 수 있는 것이라고 자신의 행동의 의미를 설명할 수 있었다. 그렇다면 로봇에 탑재된 챗지피티가 실험실에 들어온다면, 간단한 실험 정도는 수행할 수 있는 수준이 되지 않을까?

물론 조금 가볍게 생각해 보자면, AI는 어쩌면 인터넷에 있는 정보를 빠르게 정리해 주는 기계일 뿐일지 모른다. 그러므로 현재 우리가 처한 상황은 인간보다 더 빨리 달리는 자동차가 개발되었을 때 혹은 인간보다 더 빨리 많은 계산을 해내는 계산기가 개발되었을 때에 비견할 만할 것이다. 기존의 테크놀로지들 역시 인간의 삶에 많은 변화를 가져다주었지만, 그저 도구로서 그러하였을 뿐이다. 그렇다면 우리는 이처럼 유용한 도구인 AI를 적절히 활용할 줄만 알면 되는 것일까.

질문하기와 답하기

적지 않은 학자 및 교육자 들이 AI 시대에는 질문을 잘하는 능력이 가장 중요하다고 제안한다. 적어도 특정 문제 영역에서 인간보다 더욱 뛰어난 성능과 효율을 보이는 AI라는 도구가 계속 발전하고 있으므로, 인간에게 필요한 것은 더 이상 지식을 쌓음으로써 문제에 답을 하려는 노력이 아니라 AI에게 적절한 질문을 던지고 잘 활용하는 능력 또는 역량이라는 것이다. 이는 일견 AI가 주도하여 변화하고 있는 미래적 교육이 지향할 만한 방향성으로 보인다. 충분히 큰 데이터로 학습한 AI는 우리가 필요로 하는 모든 답을 줄 수 있지 않을까? 그러나 필자는 이러한 견해에 반대하는 입장에 선다.

다소 갑작스러울 수 있겠으나, 폴 고갱의 그림 제목처럼 '우리는 어디서 왔고, 우리는 무엇이며, 우리는 어디로 가는가' 하는 질문을 상기해 보자. 죽음 이후에는 무엇이 있는지, 그러므로 '나'는 오늘을 왜 사는지를 다시 한번 질문해 보자. 실존주의적으로 보자면 이러한 고민은 인간 의식의 고유한 지향이다. 인간에게 이보다 더 중요한 질문, 좋은 질문이 있을까? 그러나 이는 우리가 애써 눈 감고 잠시 덮어 두고 있는 질문이기도 하다. "왜 사냐건 웃지요"라던 어떤 시인의 말은 우리가 자칫 빠지기 쉬운 착각, 곧 답보다 질문이 중요하다는 생각을 재검토하게 한다. 필자는 우리가 지닌 여러 문제는 질문할 줄 몰라서가 아니라 답을 찾지 못하는 데서 발생한다고 본다. 과학이나 AI는 이러한 큰 질문들(big questions)에 답을 주지 못한다(Billingsley et al., 2018). 반면 이러한 질문들에 나름대로의 답을 하였던 사람들은 사상사에 이름을 남겨 우리의 마음에 양식을 제공하고 있다.

연구의 관점에서 보아도 그렇다. 연구 논문에서 연구 질문이 가장 중요한 축이라고 할 수 있는 것은 사실이다. 연구 질문은 한 연구의 주제 의식이기 때문이다. 그러나 그에 답하기 위해 타당한 방법을 동원하고 연구 결과를 제시하며 논의를 통해 적절한 결론을 내린 글만이 하나의 완결성 있는 논문으로 인정받는다. 역시 질문만 잘하면 된다는 말이 성립하기는 어렵다.

이처럼, 질문하기뿐 아니라 답하기가 인간의 영역으로 남아 있어야 한다는 것이 비단 필자만의 생각은 아니다. 미국의 과학철학자 힐러리 퍼트넘(Hilary Putnam, 1926~2016)은 "모든 형이상학적인 문제들"에 "과학적 해결책"을 제시하려 한다면, 결국 "독립적인 철학적 작업의 자리는 남지 않게 된다"라고 말함으로써 철학은 질문하고 과학은 답한다는 식의 과학주의를 경계하였다(Putnam, 2009, p.x). 그런데 여기서 퍼트넘이 상정하는 과학주의적 사고가 실은 AI의 발전을 염두에 둔 것이었다는 점은 의외로 잘 언급되지 않는 듯하다. 필자는 이 부분에 주목할 필요가 있다고 본다. 이에 필자는 퍼트넘의 사고를 다음과 같이 전유한다. "인간이 AI로부터 인간이 묻는 모든 질문에 대한 답을 얻을 것으로 기대한다면, 인간의 자리는 남지 않게 된다"(Oh & Lee, 2024). 챗지피티로 인해 던져진 AI 시대의 과학 교육에 관한 질문에도 여전히 인간이 답을 내려야만 하는 이유다.

과학 교육에 찾아온 AI

적지 않은 교육학 연구 문헌들에서 오픈AI(OpenAI)의 챗지피티가 2022년 11월 20일 공개된 일을 "강림(advent)"이라고 표현하였다(예: Grassini, 2023; Oh & Lee, 2024). 챗지피티가 의사면허 시험, 로스쿨 입학, MBA 졸업 시험 등을 통과할 정도의 성능을 지녔다거나 교사의 역할을 상당 부분 대신할 수도 있을 것으로 보인다는 점이 점차 알려지면서 교육학자들이 적잖은 충격에 빠졌던 것이다. 이는 곧장 도대체 지능이란 무엇이며 앞으로 교수와 학습의 모습과 의미는 어떻게 변화할 것인가에 대한 논쟁을 촉발했다. 교사와 학생들이 각각 교수 활동의 부담을 줄이거나 학습에 대한 개인화된 피드백을 받는 등의 도움을 받을 수도 있지만, '환각(hallucination)'이라고도 부르는 정보의 정확성 문제가 대두되었으며 자칫 이를 학업 과제를 수행하는 데 사용하게 되면 비윤리적인 행위를 낳는 부작용이 발생할 수 있기 때문이다(Grassini, 2023).

2024년 12월 현재 챗지피티를 비롯한 생성형 AI가 실제로 과학 교실 현장에 어떠한 영향을 미쳤는지를 판단하기는 어렵다. 아직 경험적인 연구들이 충분히 보고되지 않은 까닭이다. 이에 과학 교육 연구자들은 발 빠르고도 신중하게 이에 반응하고 있다. 저명한 국제 과학 교육 연구 저널들에서도 챗지피티를 필두로 한 생성형 AI가 과학 교육에 미치는 영향에 대한 특별호를 기획하거나 그와 관련된 연구를 촉구하는 사설을 실었다(예: Sadler et al., 2024). 이는 과학 교육 연구자들에게 챗지피티 사건은 압도적인 인식적 권위(epistemic authority)를 지닌 존재가 출현한 것과도 같았기 때문이라고 할 수 있다(Cooper, 2023). 한편 필자 역시도 과학 교육 분야에 찾아온 챗지피티를 구원자까지는 아니더라도 과학 교육 분야에 신선한 바람을 일으킬 반가운 손님으로서 바라보고 있다.

과학 교육을 비롯한 교과 교육학 분야들은 교과 내용지식과 교과 교육이라는 두 기둥 위에 학문적 정체성을 정립해 왔다. 예컨대, 과학 교육 분야에서는 그 중점이 앞쪽에 있는 '과학' 교육이 되어야 하는지, 뒤쪽에 있는 과학 '교육'이 되어야 하는지, 혹은 양자가 융합된 무엇으로서의 '과학 교육'이 되어야 하는지에 대한 학자들의 입장이나 선호도가 상당히 다양하다. 예컨대, 우리나라 사범대학들의 경우 과학교육과 안에서 순수 과학 전공자들과 교과교육학 전공자들이 함께 근무하며 교육과 연구를 수행하고 있다. 이렇듯 서로 구별되는 학문 전통을 따르는 학자들이 사범대학의 한 학과에 모여 있는 구성은 필자가 아는 대로는 세계적으로 많지 않다. 그렇다면 이러한 구성 방식은 우리나라 사범대학의 특별한 장점이 될 수 있을 것이다. 이에 필자는 과학 교육 분야만이 사회에 고유하게 제공하는 효용이 있어야 한다고 생각한다(참조: Wolterstorff, 2004). 학생들이 자신들이 경험한 자연 현상을 나름대로 해석하면서 가지게 된 다양하고 기상천외한 오개념을 밝히고 이를 수정하는 방법을 연구하였던 구성주의 기반 과학 교육의 연구 트렌

드가 좋은 예다. 이는 순수 자연과학이나 교과-일반적인 교육학이 제공할 수 없는, 과학 교육 분야만이 사회에 가져다준 기여점이었다. 현재로서는 학생들의 오개념에 관한 연구가 이미 많이 이루어져 있는 상황이다. 그렇다면 과학 교육은, 과학 교육 연구는 지식을 전수하고 생성하기 위해서 어디를 향해 다음 걸음을 내디뎌야 하는가. 이러한 궁리를 하던 필자의 입장에서는 때마침 찾아와 과학 교육의 활로를 넓혀 준 AI가 여간 고맙지 않을 수 없다.

AI는 과학, 교육학, 더 나아가서는 인간론 자체와도 밀접한 연관이 있는 간학문적 분야다. 하지만 AI는 과학 교과 내용 지식이나 교육학과 교차하면서도 여전히 구별되는 무엇이다. AI는 과학 교과 내용 지식 및 교육학에 더하여 새로운 기둥으로서 과학 교육의 운동장을 받쳐줄 것이다. 마치 삼차원 공간에서 두 꼭짓점으로는 부족하지만 세 꼭짓점이 결정되면 한 평면이 안정적으로 놓일 수 있듯이, 교과 내용 지식, 교육학, AI가 함께 어우러지면서 과학 교육이 나아갈 새로운 길이 밝혀지리라 기대한다. 이와 같이 이 책은 AI 시대의 과학 교육에 대한 필자 나름대로의 궁구의 과정과 함께 그 중간 결과물을 담고 있다.

이 책의 구성

이 책의 예상 독자는 AI의 교육적 활용에 관심이 있는 예비 및 현직 과학 교사, 그리고 과학 교육과 AI 융합 교육 전공 대학원생들이다. 물론 이에 해당하지 않는 분들도 당연히 이 책을 읽을 수 있으나, 적어도 AI, 과학, 혹은 교육 중 한 분야에 어느 정도 배경지식이 있는 독자들이 읽기에 보다 수월할 것으로 생각된다. 다만 전문적인 학술서가 되기에는 엄밀성보다는 가해성(可解性)을 추구한 면이 있다. 되도록 '총서'로서의 성격을 유지하고자 노력하였기 때문이다.

초반부는 과학 교육과 AI의 합류 지점을 그려 내기 위한 배경 설명에 해당한다. 제1장은 과학 교육의 전통적 슬로건인 과학적 소양이 AI로 인해 어떻게 새로워지고 있는지를 다룬다. 제2장은 AI와 과학을 통계적 모델링과 데이터의 관점에서, 제3장은 AI와 교육의 관계를 교육공학의 비전의 실현을 중심으로 각각 다룬다.

중반부에서는 보다 구체적으로 과학 교육에 접목된 AI를 살펴본다. 제4장은 교육학에서 AI가 가장 활발히 사용되는 연구 분야라고 할 수 있는 과학 평가를 돌아본다. 제5장에서는 그리고 평가를 전제하기 이전의 과학 교수 학습에서도 AI가 사용될 수 있음을 다룬다.

후반부에서는 미래적인 논점들을 소개한다. 제6장에서는 텍스트를 넘어서는 멀티모달 AI를, 제7장에서는 대규모 언어 모델을, 제8장에서는 생성형 AI를 다룬다. 이로써 첨단 AI 기술이 과학 교육에 대하여 갖는 함의를 각각의 측면에서 살펴본다.

마지막으로 종반부에서는 인간과 AI의 관계 맺기를 모색한다. 제9장에서는 과학 교육에서 인간-AI 협력을 도모할 만한 이유를, 제10장에서는 학습과 교육이 가리키는 서로 다른 뜻을 고찰하며 AI 시대에도 여전히 과학 교육이 의미 있음을 주장할 것이다.

이 책에서 소개하는 논지의 일부분은 필자의 기존 논저와 기고문 등에서 요약 및 정리한 것이며 그러한 경우에는 가능한 한 꼼꼼히 인용 표기를 하고자 하였다. 또한 더 많은 독자에게 쉽게 읽힐 수 있도록 전문 용어, 이론, 기술 등은 많은 부분을 과감히 생략하거나 쉽게 풀어서 설명하였다. AI가 과학 교육에 가져다준 변화를 유사점과 차이점이 있는 여러 각도에서 살펴보았기에 책의 각 장은 일부 서로 겹치는 내용이 있을 수 있다. 그러나 각 장은 되도록 독립적으로 구성하였으므로 꼭 이 책을 순서대로만 읽어야 하는 것은 아니다.

이 책의 논의가 다소 이론적이거나 추상적으로 보일

수 있을 것으로 예상한다. 이는 어떤 면에서 지금까지 교사라기보다는 연구자의 입장에서 과학 교육 현상을 바라봐 온 필자의 관점이 그런 한계를 지니기 때문일 것이다. 또한 이는 아직까지 AI를 접목한 과학 교육이 교실 현장에 충분히 확산 및 적용되는 데 미치지 못한 현실에도 어느 정도 기인할 것이다. 일주일이 멀다 하고 새롭게 쏟아져 나오는 첨단 AI 모델들은 이를 신중히 검토하고 선정함으로써 타당한 교수 설계를 거치고 나아가 실행과 평가에 이르는 과정을 어렵게 만든다. 그러나 머지않은 미래에 과학 교육 연구자들이 이 역시 실현하여, AI 시대의 과학 교육을 위한 더 구체적인 진단과 처방 역시 가능해지리라고 본다.

또한 이 책은 과학 교육, 컴퓨터 과학, 통계학, 교육공학, 교육과정학, 철학 등에서의 여러 논의를 정리하는 면이 강하다. 곧 여러 주제를 하나의 일관적인 논리가 관통하고 있다기보다는, 이들을 AI와 과학 교육이라는 큰 제목 아래서 그러모으고 있다. 다만 그렇기에 이 책은 독자들에게 각 주제에 대한 다양한 관점들을 소개함으로써 더 깊은 탐구로 나아가도록 안내하는 발판이 될 수 있을지도 모르겠다.

모쪼록 이 책이 교과 교육의 품 넓은 울타리 안에서 AI

라는 화두에 진실하게 답하고자 하는 모든 분들께 조그맣게나마 보탬이 되기를 바란다.

참고문헌

Barragán-Montero, A., et al.(2021). Artificial intelligence and machine learning for medical imaging: A technology review. *Physica Medica*, 83, pp.242-256.

Billingsley, B., et al.(2018). A framework for teaching epistemic insight in schools. *Research in Science Education*, 48(6), pp.1115-1131.

Box, G. E.(1976). Science and statistics. *Journal of the American Statistical Association*, 71(356), pp.791-799.

Cooper, G. (2023). Examining science education in ChatGPT: An exploratory study of generative artificial intelligence. *Journal of Science Education and Technology*, 32(3), pp.444-452.

Gil, Y., et al.(2014). Amplify scientific discovery with artificial intelligence. *Science*, 346(6206), pp.171-172.

Grassini, S.(2023). Shaping the future of education: exploring the potential and consequences of AI and ChatGPT in educational settings. *Education Sciences*, 13(7), p.692.

King, R. D., et al.(2009). The automation of science. *Science*, 324(5923), pp.85-89.

Kitano, H. (2016). Artificial intelligence to win the nobel prize and beyond: Creating the engine for scientific discovery. *AI Magazine*, 37(1), pp.39-49.

Miljković, F., et al.(2021). Impact of artificial intelligence on compound discovery, design, and synthesis. *ACS Omega*,

6(49), pp.33293-33299.

Musib, M., et al.(2017). Artificial intelligence in research. *Science*, 357(6346), pp.28 – 30.

Oh, P. S., & Lee, G. -G.(2024). Confronting imminent challenges in humane epistemic agency in science education: An interview with ChatGPT. *Science & Education*. https://doi.org/10.1007/s11191-024-00515-1

Putnam, H.(2009). *Renewing philosophy*. Harvard University Press.

Russell, S., & Norvig, P.(2021). *Artificial intelligence: A modern approach*(Global 4th edition). Pearson.

Sadler, T. D., et al.(2024). Artificial intelligence and the Journal of Research in Science Teaching. *Journal of Research in Science Teaching*, 61(4), pp.739-743.

Szymkuć, S., et al.(2016). Computer-assisted synthetic planning: The end of the beginning. *Angewandte Chemie International Edition*, 55(20), pp.5904 – 5937.

Wolterstorff, N.(2004). *Educating for shalom: Essays on Christian higher education*. Wm. B. Eerdmans Publishing.

01
과학적 소양과 AI

과학 교육의 제1 목표는 전 국민의 과학적 소양 함양이다. 과학적 소양의 구체적인 내용은 시대별로 조금씩 달라져 왔다. 이제는 AI를 아는 것이 과학적 소양의 필수 요소다.

AI와 1인 창업?

과학적 소양

모든 사람을 위한 과학적 소양(scientific literacy) 함양은 1950년대 이래 현대 과학 교육의 목적으로 자리매김해 왔다. 오늘날 글로벌 과학 교육 맥락에서 가장 대표적으로 받아들여지는 과학적 소양의 정의로서 전미연구평의회(National Research Council, NRC)에 따르면 과학적 소양의 구성 요소는 (1) 자연 세계에 대한 과학적 설명을 알기, 사용하기, 그리고 해석하기, (2) 과학적 증거와 설명을 만들기와 평가하기, (3) 과학적 지식의 본성과 발달을 이해하기, (4) 과학적 실천과 담론에 생산적으로 참여하기의 네 가지다(NRC, 2012). 우리나라의 경우 제4차 교육과정(1981)에서부터 과학적 소양을 과학 교육의 목적으로 삼았으며, 특히 21세기를 지향하였던 제7차 교육과정(1997)에서부터 과학적 소양에 대한 강조가 심화했다(이경건 · 홍훈기, 2022). 2022 개정 과학과 교육과정에서도, "자연 현상과 일상생활에 대하여 흥미와 호기심을 가지고 과학적 탐구를 통해 주변의 현상을 이해하고, 개인과 사회의 문제를 과학적이고 창의적으로 해결하는 데 민주 시민으로서 참여하고 실천하는 과학적 소양을 기른다"라는 것이 과학 교과목의 목표로서 제시되어 있다(p. 5).

과학적 소양은 50년이 넘는 기간 동안 시대와 상황에 따라 구체적인 의미나 구성 요소가 달라져 온 면이 있다(이경건 · 홍훈기, 2022). 로버츠(Roberts, 2007)의 분류에 따르면 비전(Vision) I 과학적 소양의 경우 과학의 명제적이고 절차적인 지식과 응용 방법에 초점을 두어 미래의 과학자를 양성하고자 하며, 비전 II 과학적 소양의 경우 장래에 과학자가 될 소수의 학생들보다는 절대 다수의 학생들이 미래 사회의 시민으로서 경험하게 될 실생활 및 사회적 상황을 중시하면서 학습 경험을 조직한다. 그런가 하면 근래에는 21세기의 지구적이고 환경적인 여러 문제에 변혁적으로 대응하고 참여하기를 촉구하는 비전 III 과학적 소양을 주장하는 학자들 역시 있다(Valladares, 2021). 과학적 소양 담론의 이러한 역사적 변천은 이후에도 AI의 급격한 발전을 비롯한 다양한 영향 요인들에 따라 과학적 소양 담론이 응답하고 담아내야 할 사회적이고 교육적인 요구가 새로워질 것임을 짐작하게 한다.

위기 레토릭

과학적 소양 담론이 위기 레토릭과 함께 출발하고, 그 세를 불리며, 지금까지 이어져 오고 있음이 알려져 있다

(이경건 · 홍훈기, 2022). 20세기 과학 교육의 주도적 담론으로서의 과학적 소양은 1957년 소련이 미국보다 앞서 우주로 인공위성을 발사한 스푸트니크(Sputnik) 사건의 충격으로 등장하였다. 허드(Hurd, 1958)가 냉전 당시의 미소 대립 구도를 불가분한 배경으로 두며 "복잡하고 긴급(complex and urgent)"한 "위기(crisis)" 상황에서 모든 미국인의 과학적 소양 함양이 필요함을 역설하였던 것이다.

그런데 세계화라는 키워드로 풀어낼 수 있는 21세기에 들어서서는 교육에서의 이러한 위기 레토릭이 지구적인 차원으로 확산하기 시작하였다(이경건 · 홍훈기, 2022). 특히 2010년대 이후로는 AI의 발달로 인해 미래사회를 살아갈 학생들의 일자리가 부족해질 수 있다는 위기의식이 교육과정 관련 문서에서 나타나고 있다(OECD, 2019). 우리나라의 최신 국가 교육과정인 2022 개정 교육과정 역시 총론에서 교육과정 구성의 중점이 "첫째, 인공지능 기술 발전에 따른 디지털 전환, … 등에 의해 사회의 불확실성이 증가하고 있다"는 데서 출발함을 명시하였다(교육부, 2022b, p.4).

곧, 과학 교육의 기저에 흐르는 위기감은 더 이상 제1세계의 대표로서의 미국에만 유관한 것이 아니다. 차라리 20세기에는 냉전 시기 제1세계와 제2세계의 가시적인 이분적 대립 구도하에서 위기의식이 발생했다면, 21세기 과학 교육의 위기의식은 모든 나라에서 AI로 인한 미래적 불확실성과 함께 피어나고 있다. 하지만 교육 담론에서 상정되는 세계가 있는 그대로의 세계라기보다는 담론 형성의 주체들에 의해 틀지어진(framed) 세계라는 점에서(Biesta & Priestley, 2013), 우리는 과연 AI 및 그것과 함께 다가오는 미래를 어떻게 이해하여야 할지 질문해 보아야 한다.

AI 리터러시

2022 개정 교육과정의 각론 과학 교육과정은 "미래 교육 환경에 적합한 다양한 교수 · 학습 활동을 통해 디지털 · 인공지능 기초 소양을 함양하도록 하였다"라고 명시하고 있다(교육부, 2022a, p.4). 이는 우리나라 과학 교육과정이 최근 교육학계에서 중요하게 다루어지고 있는 AI 리터러시(AI literacy)의 중요성을 인식한 것으로 볼 수 있다.

AI 리터러시는 교사와 학생 모두가 지녀야 할 능력이다. 우선 교사 측면에서, 첼리크(Celik, 2023)는 교사들이 AI 테크놀로지 자체를 잘 이해하고, 이를 활용하여 어떻게 가르칠 수 있는지, 이를 활용하여 무엇을 가르칠 수 있는지, 테크놀로지와 교수와 내용이 교차하는 지점은 무엇인지를 깊이 이해하며, 마지막으로 AI의 윤리적 사용 역량 역시 갖추어야 한다고 본다. 그런가 하면 학생들의 학습 측면에서 카살오테로 등(Casal-Otero et al, 2023)은 AI 리터러시와 관련하여 (1) AI가 활용된 대상 인식하기(learning to recognize artifacts using AI), (2) AI의 작동 방식 이해하기(learning about how AI works), (3) AI 개발을 위한 도구(learning tools for AI), (4) AI와 함께하는 삶(learning for life with AI)이라는 학습 목표들을 식별하였다.

AI는 과학 지식의 본성으로부터 지능 이론, 교수 학습 방법, 궁극적으로는 인간론에 이르기까지 넓은 함의를 지니는 간학문적 분야다. 그리고 과학 교육이 지금까지 주창하고 갱신해 왔던 과학적 소양 담론은 AI 리터러시를 포괄할 수 있는 충분히 넓은 울타리다. 2022 개정 과학과 교육과정이 이미 단초를 제시했듯이, 앞으로의 과학 교육은 AI 리터러시를 품으며 새로워진 과학적 소양을 교육 목표로 삼아야 한다. 곧, 교사와 학생들 모두가 AI를 잘 이해하고 활용할 수 있도록 거시적 방향을 설정해야 한다.

여기서 한 가지 중요한 점은 AI를 포괄하는 새로운 과학적 소양이 위기 레토릭에 기반할 필연적 이유가 없다는 것이다. 이경건 · 홍훈기(2022)는 과학적 소양 담론을 역사적으로 분석하면서 21세기를 지향하는 교육과정 역시 위기 레토릭을 넘어 미래를 향한 희망적인 목소리를 담아야 한다고 역설한 바 있다. 물론 AI는 현재 우리에게 많은 불확실성을 가져다주고 있는 것이 사실이다. 하지만 불확실성은 우리에게 부정적인 결과가 아니라 긍정적인 결과로 돌아올 수도 있는 하나의 가능태일 뿐이다. 2022 개정 과학과 교육과정의 '통합과학2' 역시 AI가 미래 사회에 가져다줄 막대한 영향과 양면성을 언급하면서도 이와 함께 그것이 "인간 삶과 환경 개선에 활용"되는 사례 역시 발견하도록 안내하고 있다(교육부, 2022a, p.86). 이처럼 우리나라 과학 교육이 품고 이끌어 나갈 AI 리터러시가 위기 레토릭이 아닌 희망에 기반한 담론이 된다면, 우리는 얼마든지 그러한 결과를 만들어 낼 수 있을 것이다.

참고문헌

교육부(2022a) 과학과 교육과정. 교육부 고시 제2022-33호 [별책 9].

교육부(2022b). 초 · 중등학교 교육과정 총론. 교육부 고시 제2022-33호 [별책 1].

이경건·홍훈기(2022). 21세기 과학 교육과정 개혁 논리로서의 과학적 소양 및 핵심 역량 담론 비교 연구. ≪한국과학교육학회지≫, 42(1), 1-18쪽.

Biesta, G. & Priestley, M.(2013). Capacities and the curriculum. In Priestley, M., & Biesta, G. (Eds.). *Reinventing curriculum*(pp. 35-49). Bloomsbury Academic.

Casal-Otero, L., et al.(2023). AI literacy in K-12: a systematic literature review. *International Journal of STEM Education*, 10(1), p.29.

Celik, I.(2023). Towards Intelligent-TPACK: An empirical study on teachers' professional knowledge to ethically integrate artificial intelligence (AI)-based tools into education. *Computers in Human Behavior*, 138, p.107468.

Hurd, P. DeH.(1958). Scientific literacy: Its meaning for American schools. *Educational Leadership*, 16, pp.13-16.

National Research Council[NRC](2012). *A framework for K-12 science education: Practices, crosscutting concepts, and core ideas.* Washington, DC: National Academies Press.

Organisation for Economic Co-operation and Development[OECD](2019). *OECD future of education and skills 2030: OECD learning compass 2030 - A series of concept Notes.* Paris: OECD.

Roberts, D. A.(2007). Scientific literacy/science literacy. In Abell, S. K., & Lederman, N. G.(Eds.). *Handbook of research in science education*(pp. 729 - 780). Mahwah, NJ: Lawrence Erlbaum.

Valladares, L.(2021). Scientific literacy and social transformation. *Science & Education*, 30(3), pp.557-587.

02
과학과 AI

과학은 자연 현상에 대해 정량적으로 설명 및 예측 가능한 모델을 구축한다. AI는 우리가 정량적 데이터에 기반해 나아갈 수 있는 과학적 인식의 끝까지 우리를 인도한다. 하지만 과학이 삶의 모든 문제에 답을 줄 수 있는 것은 아니다. AI도 마찬가지다.

AI와 MBTI?

과학적 모델링

"모든 모델은 틀렸다, 하지만 몇몇은 유용하다(All models are wrong, but some are useful)"(Box, 1979). 박스(Box, 1979)는 자연 현상에 관한 과학적 모델을 통계적으로 구축하는 방법을 설명하였다. 예를 들어 기체의 압력(P), 부피(T), 온도(T)의 관계를 설명하는 이상 기체 상태 방정식 PV = RT는 단순한 직선형이기 때문에 그 어떤 실제 기체의 데이터에 대해서도 완벽한 참이 아니다. 곧, 이는 엄밀하게는 틀린 모델이다. 하지만 이 방정식은 우리에게 유용한 근사치를 제공하며 기체 분자의 행동에 관한 물리학적 관점에서 도출되었으므로 그 식의 구조 역시 유익하다는 것이다(Box, 1979). 박스(Box, 1979)는 여러 가능한 모델들과 데이터 사이의 간극을 살펴보고, 이에 따라 모델을 선택하고 또는 수정해 나가는 과정을 과학적 모델 구축(scientific model building)이라고 보았다.

물론 과학의 본성(nature of science, NOS)을 단일하게 정의하는 것은 불가능하다(Irzik & Nola, 2011). 하지만 현대 과학이 측정 가능하고 정량화 가능한 경험적 데이터를 기반으로 한다는 점이나, 특히 구성주의 학습 이론의 관점에서 과학이 인간이 구성한 이론들을 정교화·일반화·수정해 나가는 과정을 포함한다는 데는 큰 이견이 없을 것이다. 오늘날 AI를 구축하는 주요 방법인 머신러닝(machine learning) 알고리즘은 많은 경우 이와 같은 통계학적·과학적 모델 구축과 공유하는 면이 많아 보인다(참조: Hastie et al., 2009).

여기서, 만약 몇몇 모델이 유용하다면, 어떻게 그 유용성을 판정하고 비교할 것인가 하는 중요한 논제가 떠오른다. 통계학에서는 아카이케 정보 기준(Akaike information criterion, AIC)(Akaike, 1974) 수치에 따라 가능한 여러 모델 중 어떠한 모델을 선택할지를 결정하는 경우가 많다. AIC는 더 적은 변수를 사용해서 데이터를 더 잘 설명하는 모델일수록 작은 수치를 지닌다. 데이터를 설명하는 여러 가능한 모델 중 AIC가 가장 작은 것을 채택하면 되는 것이다. 이러한 AIC의 기본 원리는 이후에 등장한 여러 정보 기준에서도 유사하게 적용된다. 곧, 과학적 모델들의 유용성은 설명력(explanatory power)과 간명성(parsimony)의 두 가지 축을 중심으로 판단할 수 있다.

설명력은 좌표평면 위에 분포하고 있는 점들을 설명하기 위한 모델로서의 추세선이 얼마나 그 점들의 패턴을 잘 나타내는지를 상상할 때 쉽게 이해할 수 있다. 예를 들어 x의 값이 1, 2, 3, 4, 5로 변화함에 따라 y의 값이 1, 3, 2, 4, 6으로 증가하는 데이터가 있다고 하자. y=x라는 모델은 완벽하지는 않아도 데이터의 패턴을 어느 정도 잘 나타내는, 설명력이 큰 모델이라고 할 수 있을 것이다.

한편 모델이 최대한 간명해야 한다는 당위는 오컴의 윌리엄(William of Ockham, 1287~1347)이 제시하였던 것으로 알려져 있다. 오컴은 자연 현상을 설명하는 이론적 모델을 구축하는 데 '오컴의 면도날(Occam's razor)' 원리를 제시하였다. 모델 안에서 "필수적이지 않은 존재자를 늘리지 말라(Don't multiply entities beyond necessity)"는 것이다(Spade & Panaccio, 2019). 즉, 설명력을 크게 늘리는 결과를 가져오지 않는다면 모델에는 새로운 변수를 투입하지 않는 것이 좋다.

딥러닝과 빅 데이터

2010년대 이후 AI 분야의 내부 모듈은 많은 경우 딥러닝(deep learning) 알고리즘에 기반하여 구축되고 있다. 딥러닝은 "깊은(deep) 신경망이라고도 불리는 다층 신경망을 사용해 인간 두뇌의 복잡한 의사 결정 능력을 시뮬레이션하는 머신러닝의 하위 분야다"(IBM, 2024). 딥러닝은 인간의 신경 세포들의 신호 전달 체계를 모사한 인공신경망(artificial neural network) 구조를 활용한다. 마치 인간의 신경 세포들에 비견될 수 있는 퍼셉트론(perceptron)들의 단방향적 신호 전달 네트워크를 쌓아 올리는 것이다. 여기서 하나의 퍼셉트론은 통계적 모델에서 하나의 변수와도 같이 이해할 수 있다고 보면, 딥러닝 아키텍처는 아주 많은 변수를 투입한 통계 모델에 해당한다. 예컨대, 챗지피티(ChatGPT)의 기본 모듈인 지피티(GPT)-3의 경우 약 1750억 개의 변수를 포함하고 있다(Brown et al., 2020).

이러한 딥러닝 모델들을 학습시키기 위해서는 충분히 많은 양의 데이터, 즉 빅 데이터(big data)가 필수다. 산업적인 수준에서 1페타바이트 이상의 크기를 지닌 데이터를 빅 데이터라고 할 때(참조: Clissa et al., 2023), 이는 전통적인 실험 설계로 수집하기 어려우며 오히려 많은 사람들이 일상생활에서 인터넷과 소셜네트워크서비스(SNS) 등의 플랫폼을 사용하며 생성하는 데이터가 진정한 의미에서의 빅 데이터에 해당할 수 있다. 최근 빅테크 기업들이 오늘날 AI 분야의 선두 주자로 나설 수 있게 된 것 역시 이들이 그런 데이터를 수집할 수 있는 능력이 있기 때문이라고 볼 수 있다.

그런데 딥러닝이 빅 데이터에 의존하게 될수록 딜레마가 발생한다. 첫째는 딥러닝 모델들이 위에서 언급한 오컴의 면도날, 즉 모델 간명성의 원리를 위반하는 것처럼 보인다는 점이다(참조: Antal et al., 2024). 딥러닝 모델처럼 많은 변수들 간의 복잡한 관계는 이를 인간의 관점에서 그 작동 원리를 이해하기 어려운 소위 블랙박스(blackbox)로 여겨지게 만들기도 한다. 이런 면에서, 딥러닝 기반의 AI는 인간의 이해를 추구하는 과학이라기보다는 뛰어난 성능 자체를 추구하는 공학에 가깝다고도 할 수 있다.

둘째는 AI를 훈련시키기 위한 데이터가 고갈될 수 있다는 점이다. 예컨대 지피티-3의 경우 인터넷에서 수집된 데이터와 서적 데이터, 그리고 위키피디아 등에서 추출한 약 5천억 개의 단어로 학습되었다(Brown et al., 2020). 이후에도 AI 개발 주체들은 더 많은 데이터로 모델을 훈련시키기 위해 애써 왔다. 그런데 앞으로도 과연 AI를 훈련시킬 만한 데이터가 무한정 남아 있을 것인지 의문을 제기할 만하다. 빌라로보스 등(Villalobos et al., 2022)은 현재와 같은 속도로 AI 모델의 학습이 지속될 경우 고품질 언어 데이터는 2026년 이전에, 저품질 언어 데이터는 2030~2050년 사이에, 이미지 데이터는 2030

~2060년 사이에 고갈될 것으로 전망한 바 있다.

설사 데이터를 더 많이 확보할 수 있다고 해도 AI의 성능 역시 그에 비례해서 상승할 것이라고도 확언하기 어렵다. 자연에서 투입 대비 산출량이 시그모이드(sigmoid)형 S자 커브를 띠는 경우가 많다는 점을 감안하면, 데이터를 아무리 더 투입해도 AI의 성능이 크게 높아지지 않는 포화 지점에 도달할 것으로 생각된다. 이런 면에서, 2024년 8월 현재 우리가 사용 가능한 지피티-4 등의 대규모 AI 모델들은 이미 정량적인 데이터를 기반으로 도달할 수 있는 최대한의 성능에서 그리 멀지 않은 위치에 있을지도 모른다.

붓꽃 데이터

위에서 인용한 박스(Box)는 현대 통계학의 토대를 놓았다고 해도 과언이 아닌 로널드 피셔(Ronald A. Fisher, 1890~1962)의 사위였다. 피셔는 그의 동료였던 에드거 앤더슨(Edgar S. Anderson, 1897~1969)이 측정한 3종의 붓꽃(iris)의 꽃잎 및 꽃받침 크기 데이터를 활용하여, 좌표평면상에 분포하는 데이터들이 서로 다른 범주에 속한다는 것을 판정하는 방법을 연구하였다. 이 과정에서 피셔가 사용한 기법은 오늘날 자연과학이나 사회과학에서 매우 빈번히 활용되는 분산분석법(Analysis of Variance, ANOVA)과 밀접한 관련이 있다.

붓꽃 데이터는 오늘날 가장 유명한 머신러닝 벤치마크 데이터 중 하나로 사용되고 있다(UC Irvine Machine Learning Repository, n.d.). 곧, 분류 AI 모델을 구축하는 데 기준점을 제공하는 역할을 하는 데이터가 된 것이다. 여기서, 붓꽃 데이터가 1종당 각 50개의 데이터, 총 150개의 관측치만을 포함하고 있다는 점을 눈여겨볼 만하다. 이는 반드시 큰 데이터여야만 AI 시대에 중요하게 여겨지는 것만은 아니며 피셔와 그의 동료들에게 그러했듯이 데이터가 실험, 수집, 분석의 과정에서 자연과학과의 밀접한 연관을 지니는 것이 의미 있음을 보여 준다.

참고문헌

Akaike, H.(1974). A new look at the statistical model identification. *IEEE Transactions on Automatic Control,* 19(6), pp.716-723.

Antal, B. B., et al.(2024). Achieving Occam's razor: Deep learning for optimal model reduction. *PLOS Computational Biology,* 20(7), e1012283.

Box, G. E.(1979). Robustness in the strategy of scientific model building. In *Robustness in Statistics*(pp. 201-236). Academic Press.

Brown, T. B., et al.(2020). Language models are few-shot learners. arXiv. https://doi.org/10.48550/arXiv.2005.14165

Clissa, L., et al.(2023). How big is Big Data? A comprehensive survey of data production, storage, and streaming in science and industry. F*rontiers in Big Data*, 6, 1271639.

Hastie, T., et al.(2009). *The elements of statistical learning: Data mining, inference, and prediction*. New York: Springer.

IBM(2024.6.17). What is deep learning? https://www.ibm.com/topics/deep-learning

Irzik, G., & Nola, R.(2011). A family resemblance approach to the nature of science for science education. *Science & Education*, 20, pp.591-607.

Spade, P. V., & Panaccio, C.(2019). William of Ockham. In E. N. Zalta (Ed.), *The stanford encyclopedia of philosophy*(Spring 2019 ed.). Metaphysics Research Lab, Stanford University. https://plato.stanford.edu/archives/spr2019/entries/ockham/

UC Irvine Machine Learning Repository.(n.d.). Browse datasets. https://archive.ics.uci.edu/datasets

Villalobos, P., et al.(2022). Will we run out of ML data? Evidence from projecting dataset size trends. arXiv. https://arxiv.org/abs/2211.04325

03
교육과 AI

교육은 테크놀로지의 발달과 보폭을 맞추어야만 한다. 교육공학은 테크놀로지에 기반한 교육 연구와 실천의 향상을 꾀하여 왔다. AI는 교육공학의 비전을 모두 실현할 것처럼 여겨진다.

AI와 난임 극복?

교육과 테크놀로지

경제협력개발기구(Organisation for Economic Co-operation and Development, OECD)는 '21세기' 교육을 핵심 역량 중심으로 재편하는 데 큰 역할을 해 왔다. 특히 근래의 'OECD 교육과 기능의 미래 2030: OECD 학습 나침반 2030(OECD Future of Education and Skills 2030: OECD Learning Compass 2030)'은 글로벌 교육의 중장기 비전을 그려냈다(OECD, 2019). 미래를 살아갈 학생들이 아직 만들어지지 않은 직업들을 가지고, 아직 상상할 수 없는 사회적 문제들을 해결하고, 아직 발명되지 않은 테크놀로지들을 사용함으로써, 상호 연결된 세상에서 번영하며 궁극적으로는 집단적 잘 삶(well-being)을 영위할 수 있도록 해야 한다는 것이다. OECD(2019)의 변혁적 역량 교육의 기조는 우리나라 2022 개정 교육과정의 핵심 역량 함양이라는 틀에도 영향을 준 것으로 알려져 있다(김용민, 2023). 한 가지 흥미로운 점은, OECD(2019)가 주장하는 교육 혁신의 당위성이 교육과 테크놀로지의 격차, 혹은 양자 간의 선도 관계에 기반한다는 것이다.

OECD(2019)는 제1차~제4차 산업 혁명이라는 테크놀로지 측면에서의 거대한 변화가 어떻게 사람들의 직업 생활에 변화를 가져왔는지를 돌아보며, 교육이 테크놀로지와 벌이고 있는 "경주(race)"를 제시한다(p.7). 마치 1800년대 산업 혁명 시기처럼 테크놀로지가 교육을 앞서게 되면 "사회적 고통(social pain)"이 발생하였고, 그 이후에 의무적 공립 학교 교육이 성립하여 교육이 테크놀로지를 앞선 때에는 "번영(prosperity)"이 있었다는 것이다(pp.5-7). 현재는 AI와 관련된 제4차 산업 혁명으로 급속도로 발전하는 테크놀로지가 우리의 교육 시스템을 따라잡고 있으므로, 우리는 "점진적(incremental) 변화"가 아닌 "변혁적(transformative) 변화"를 교육에서 이루어 냄으로써(p.7) 사회적 고통을 피하고 번영을 향해야 한다는 스토리라인이다.

그 가운데 OECD(2019)는 우리가 어떻게 AI를 교육적으로 바람직하게 활용할 수 있을지 역시 논의한다. 예컨대, AI와의 상호보완적 작업을 통해 인간 지능 역시 더욱 정교화되고, AI의 폭넓고 유연한 사용을 통해 더욱 창의적으로 질문하고 답하는 기능을 기르며, 비판적 사고 기능 역시 함양해야 한다는 등이다(pp.88-89). 곧 OECD(2019)는 AI를 교육의 변화를 촉구하는 환경적 요소이자 그 실현 방법으로도 이해하고 있다.

교육공학의 비전

여기서, 교육공학(Educational Technology) 분야에서 지금까지 추구해 온 목표, 또는 비전(vision)들을 살펴보자. 미국교육통신공학회(Association for Educational Communications and Technology, AECT)의 2023년 용어정의위원회는 교육공학을 "적절한 과정과 자원을 사용하여 학습 경험과 환경을 전략적으로 설계, 관리, 실행, 평가함으로써 지식을 증진하고, 학습과 수행을 개선하며, 학습자에게 힘을 실어 주는 이론, 연구, 실천의 윤리적인 검토와 적용"으로 정의하였다(AECT, n.d.). 이러한 정의는 역사적으로 학습을 돕는 매체(media)로서 또는 과정(process)으로서 주목되어 오던 교육공학의 정의를 포괄하는 것으로 볼 수 있을 것이다(참조: Reiser, 2018).

브랜치(Branch, 2018)는 교수 설계를 학생 중심적 과정이며, 목표 지향적 과정이며, 창의적 과정이며, 유의미한 수행에 초점을 두고, 측정 가능하고 믿을 만하며 타당한 결과를 상정하고, 경험적이고 반복적이며 자기수정적인 과정이라고 하였다. 특히, 교수 설계는 교과 전문가, 교수 설계자, 개발 인력, 프로젝트 매니저 등으로 구성된 팀에 의해 진행되므로 각 분야에서 고도의 전문성이 필요하며 이들 간의 긴밀한 협력이 필요하다(Branch,

2018). 이러한 노력을 통해 테크놀로지를 K-12 교육에 통합하고자 하는 이유는 결과적으로 (1) 탐구 기반 학습, (2) 개인화된 학습, (3) 게임 기반 학습, (4) 온라인 러닝, (5) 플립 러닝, (6) 메이커 교육 등을 실현하여 교수를 증진하고자 하는 데 있다(Ottenbreit-Leftwich & Brush, 2018). 이러한 목표들이 설정되어 있는 가운데 점차 AI가 교육공학의 여러 측면을 지원할 가능성들을 탐색하는 연구들 역시 보고되어 왔다(참조: Pinkwart & Liu, 2020).

AI와 교육공학

러킨 등(Luckin et al., 2016)은 교육에서의 AI(AI in Education, AIEd) 분야가 AI와 학습 과학을 접목하여 적응적 학습 환경(adaptive learning environment) 및 유연하고, 포괄적이고, 개별화되며, 참여적이고, 효과적인 도구를 개발하는 데 집중한다고 하였다. 또한 그들은 AIEd 시스템이 교수법적 모델, 영역 지식 모델, 학습자 모델을 포괄하는 적응적 튜터가 될 수 있다는 이론적 틀을 제시하였다.

근래 들어 AI 기술이 빠르게 발달하면서 교육공학 연구 분야 역시 변화해 가고 있다. 교육공학 분야의 전통적

탑 저널 중 하나인 ≪컴퓨터와 교육(Computers and Education)≫지는 2020년에 AI 분야에 특화된 자매지 ≪컴퓨터와 교육: 인공지능(Computers and Education: Artificial Intelligence)≫을 창간하였다. 새 저널은 짧은 시간 내에 높은 피인용 지수를 보이며 AIEd 분야의 새로운 탑 저널로 등극하였다. 그 역사적인 첫 논문은 편집인들이 바라보는 "교육에서 AI의 비전, 도전, 역할, 그리고 연구 주제"였다(Hwang et al., 2020).

황 등(Hwang et al., 2020)은 AI의 교육적 적용 가능성을 탐색하면서, AIEd의 역할은 지능적 튜터, 지능적 튜티, 지능적 학습 도구 · 파트너, 정책 결정 조언자의 모두에 해당한다고 범주화하였다. 스리니바산(Srinivasan, 2022)은 이러한 논의를 더욱 확장하여, 역동적 수업 계획하기, 지속적인 지식 습득, 학습 과학을 반영하는 학습 내용 최적화, 인지부하 최적화, 학습 공동체의 지능적 창조와 관리 등도 AIEd에 의해 다루어질 수 있다고 제안하기도 하였다. 필자는 이러한 논의들이 위에서 언급한 교육공학의 여러 작업이나 다양한 참여 주체들의 역할을 야심 차게도 모두 포괄하는 것 같다고 본다. 더군다나 챗지피티(ChatGPT)의 등장 이후에는, AIEd가 사실상 교육공학의 모든 문제를 해결할 것처럼 장밋빛 미래를 그리는 주장들이 일일이 언급하기 어려울 만큼 쏟아지고 있는 듯하다(참조: Grassini, 2023).

그러나 과연 AI가 교육공학의 만병통치약이 될지는 두고 보아야 할 일이다. 박인우 · 이효진(2024)은 위키독스(WikiDocs) 플랫폼을 활용하여 대학원 'AI와 교육' 교과목을 위한 전자책(ebook)을 집필하였다. 그 가운데 이들은 AI의 교육적 활용에 대한 주요 쟁점 역시 소개한다. 해당 쟁점은 (1) AI는 교사가 될 수 있는가(교사를 대체할 수 있는가, 대체될 수 없는 교사의 자질은 무엇인가), (2) AI의 교육적 판단을 신뢰할 수 있는가, (3) AI를 활용한 맞춤형 교육은 긍정적인 교육 효과가 있는가, (4) AI 기반 평가는 학습자에게 긍정적으로 인식될 수 있는가, (5) 태도 목표 수업에서 AI가 활용될 수 있는가, (6) 현재의 교육 환경은 AI 활용 교육에 적합한가, (7) AI를 교과로 만드는 것은 바람직한가, (8) AI는 초등교육에서 활용 가능한가 정도로 정리된다. 필자의 관점에서는, 이러한 근본적인 쟁점들에 확신에 찬 답을 내리기에는 아직 AI를 활용한 교육의 연구와 실천이 더 축적되어야 할 것으로 보인다.

다만 이미 우리나라 학교 교육에 이미 불어오고 있는 바람도 있다. 2015 개정 교육과정에서는 수시 개정 체제에 기반하여 2020년에 수학과에 '인공지능 수학'이, 그리고 정보과에 '인공지능 기초'가 고등학교 진로 선택 과목으로 신설되었다(교육부, 2020a; 2020b). 두 과목에 대하여 각각 5종 및 7종의 교과서가 발간되었으며 연구자들이 이에 대한 분석을 수행하기도 하였다(권오남 외, 2021; 전용주, 2022). 2022 개정 교육과정 역시 수학과에서 '인공지능 수학'을 그리고 정보과에서 '인공지능 기초', '데이터 과학', '소프트웨어와 생활'을 고등학교 선택 과목으로서 구성하였다(교육부, 2022a; 2022b). 2025년부터 고등학교에 적용되는 해당 교육과정이 우리나라 학생들에게 어떤 긍정적인 영향을 가져다줄지 기대해 볼 일이다.

참고문헌

교육부(2020a). 수학과 교육과정. 교육부 고시 제2020-236호 [별책 8].

교육부(2020b). 실과(기술 가정)/정보과 교육과정. 교육부 고시 제2020-236호 [별책 8].

교육부(2022a). 수학과 교육과정. 교육부 고시 제2022-33호 [별책 8].

교육부(2022b). 실과(기술 · 가정)/정보과 교육과정. 교육부 고시 제2022-33호 [별책 10].

권오남·이경원·오세준·박정숙(2021). 〈인공지능 수학〉 교과서의

'관련 학습 요소' 반영 내용 분석. ≪수학교육 논문집≫, 35(4), 445-473쪽.
김용민(2023). 역량 중심 교육과정의 역할에 대한 고찰 -2015 개정 및 2022 개정 교육과정을 중심으로-. ≪열린교육연구≫, 31(6), 1-21쪽.
박인우·이효진(2024). 인공지능과 교육. https://wikidocs.net/book/5807
전용주(2022). 고등학교 '인공지능 기초'교과서의 학습목표 및 내용 분석. ≪컴퓨터교육학회 논문지≫, 25(1), 1-16쪽.
Association for Educational Communications and Technology[AECT](n.d.). AECT definition. AECT. https://www.aect.org/aect/about/aect-definition
Branch, R. M.(2018). Characteristics of foundational instructional design models. In R. A. Reiser & J. V. Dempsey(Eds.), *Trends and issues in instructional design and technology*(4th ed.)(pp. 23-30). Pearson.
Grassini, S.(2023). Shaping the future of education: exploring the potential and consequences of AI and ChatGPT in educational settings. *Education Sciences*, 13(7), p.692.
Hwang, G. J., et al.(2020). Vision, challenges, roles and research issues of Artificial Intelligence in Education. *Computers and Education: Artificial Intelligence*, 1, p.100001.
Luckin, R., et al.(2016). *Intelligence unleashed: An argument of AI in Education*. Pearson Education.
Organisation for Economic Co-operation and Development[OECD](2019). *OECD future of education and skills 2030: OECD learning compass 2030 - A series of concept notes*. Paris: OECD.
Ottenbreit-Leftwich, A., & Brush, T.(2018). Integrating

technology into K-12 education. In R. A. Reiser & J. V. Dempsey(Eds.), *Trends and issues in instructional design and technology*(4th ed.)(pp. 176-184). Pearson.

Pinkwart, N., & Liu, S.(Eds.).(2020). *Artificial intelligence supported educational technologies*. Springer.

Reiser, R. A.(2018). What field did you say you were in? Defining and naming our field. In R. A. Reiser & J. V. Dempsey(Eds.), *Trends and issues in instructional design and technology*(4th ed.)(pp. 1-7). Pearson.

Srinivasan, V.(2022). AI & learning: A preferred future. *Computers and Education: Artificial Intelligence*, 3, p.100062.

04
AI 기반 과학 평가

과학 교육에서 AI가 가장 활발히 사용되는 분야는 자동 평가다. 과학 문제에 대해 학생들이 텍스트로 답하거나 토론한 것에 대한 자동 평가가 대표적이다. 이미지 응답에 대한 자동 평가 역시 점차 이루어지고 있다. 대규모 언어 모델은 자동 평가 분야에 혁신을 불러일으켰다.

AI와 사주?

AI와 텍스트 기반 자동 평가

자동 평가는 교육 연구에서 AI가 가장 활발하게 사용되고 있는 분야라고 할 수 있다(참조: Guo et al., 2024). 많은 경우 이는 곧 학생이 산출한 텍스트에 점수를 부여하는 모델을 구축하는 연구들이라고 할 수 있다. 이러한 연구 분야는 영문 에세이 자동 채점을 구상한 페이지(Page, 1966)까지 거슬러 올라갈 만큼 튼튼한 기반이 다져져 있으며, 이를 바탕으로 이미 상용화된 서비스들도 있다. 예컨대, 전 세계의 많은 사람들이 응시하는 영어 시험인 토플 iBT(TOEFL internet-Based Test) 역시 컴퓨터 기반 자동 채점을 활용하고 있다(Educational Testing Service, n.d.). 이는 AI 기반의 자동 평가로 빠르고 정확한 대량 채점이 이미 가능해졌음을 보여 준다.

과학 교과는 지금까지 AI 기반의 텍스트 자동 평가를 선도하는 입장이었다고 하겠다. 이는 다른 교과에 비해 비교적 정답이 명확하게 주어지는 편인 과학 평가의 특성에 기인하는 것일 수 있다. 정답이 주어진다면 학생의 응답을 몇 가지 범주로 분류할 수 있는 기준이 생기기 때문이다. 이런 면에서 자동 평가 연구 역시 초기에는 인간 전문가의 사고방식을 모사하는 규칙 기반(rule-driven) 접근으로 이루어진 면이 있으나, 근래에는 데이터 기반

(data-driven)의 머신러닝(machine learning) 접근이 대세를 이루어 가고 있다(Lee et al., 2023).

과학 교육은 2010년대 들어 머신러닝을 활용한 자동 평가 연구 역시 활발하게 수행하여 왔다. 이경건 · 하민수(2020)가 정리한 과학 서술형 문항 자동 평가 연구의 동향 중 일부는 다음과 같다. 미국교육평가원(Educational Testing Service)이 개발한 c-rater-ML 모델은 서포트 벡터 회귀를 활용한 머신러닝을 통해 초중등학교 학생의 광합성, 열역학, 판구조론 등에 대한 서술형 응답을 인간 평가자와 유사하게 채점할 수 있었다(Liu et al., 2016). 미국 국립과학재단(National Science Foundation) 지원의 구성형 응답의 자동 분석(Automated Analysis of Constructed Response, AACR) 연구 그룹은 그 이름에서 드러나듯이 과학 교육에서 학생들이 구성형 응답(constructed response)을 할 수 있는 개방적 문항들을 사용해야 한다고 보며, 자동 평가가 이를 지원할 수 있다고 본다. 예컨대 산-염기 개념(Haudek et al., 2012), 광합성 개념(Weston et al., 2015), 체중 감소에 대한 개념(Sripathi et al., 2019) 등의 맥락에서 연구가 이루어져 왔다. 또한 넴(Nehm)과 그의 동료들이 수행한 일련의 연구들은 학생들의 과학 개념에 대한 자동 채점 연구가 형성평가 문항 개발로부터 출발하여 단어 기반 채점 모델 개발, 머신러닝 기반 채점 모델 개발 그리고 웹 기반 플랫폼 개발에 이르는 과정을 보여 준다(Nehm & Ha, 2011; Nehm, & Haertig, 2012; Ha et al., 2011; Moharreri et al., 2014).

위와 같은 동향에 기반하여, 이경건 · 하민수(2020)는 AI 기반 서술형 자동 채점 시스템이 직면한 도전으로서 자연어 처리의 기술적 한계, 채점 신뢰도 문제, 인간 사용자의 신뢰와 인위적 속임, 고부담 시험에서의 윤리적 한계 등의 도전을 언급하였다. 그럼에도 AI 기반 자동 평가 시스템은 학습자에게 적응적인(adaptive) 도구로서, 학습자에게 빠른 피드백을 제공하고, 평가 준거의 빠른 분석을 가능케 할 수 있다고 보았다. 또한 상기한 문제들이 극복된다면, AI 기반 자동 평가는 (1) 시각적 표상에 대한 자동 평가, (2) 실제 수행에 대한 자동 평가, (3) 실시간 피드백과 과정 중심 자동 평가에 활용될 수 있을 것이라고 전망하였다.

AI와 이미지 기반 자동 평가

지금까지 텍스트 기반 자동 평가에 비하여 이미지 기반 자동 평가에 관한 연구는 상대적으로 적은 편이었다. 이는 컴퓨터 비전 모델을 구축하고 훈련시키는 일에 어느 정도 기술적 진입 장벽이 있었기 때문일 수 있다. 하지만 2020년대 들어 과학 교육 분야에서 AI 기반의 이미지 자동 평가 연구들이 점차 보고되고 있다.

대표적으로 자이 등(Zhai et al., 2022)은 중학생들이 순물질에서 열의 출입에 따른 입자의 운동, 온도, 상태 등을 표현하는 그림 모델을 자동 채점하였다. 총 여섯 개 문항에 관한 1,050명의 그림 데이터 중 80%를 활용해 레스넷(ResNet)-50 V2 컨볼루션 신경망을 학습시켰고, 20%의 응답을 과학적 개념과의 합치 여부에 따라 2~3단계의 학습 수행 수준으로 분류하였다. 연구 결과, AI는 인간 평가자와 비교하여 79~89%의 일치율(accuracy)로 학생들의 과학적 모델링을 정확하게 분류할 수 있었다.

그런가 하면 이 등(Lee et al., 2023)은 초중고등학생 1,028명이 플라스크 안에 기체가 존재하는 방식을 어떤 방식으로 그리는지를 자동 채점하였다. 예컨대 기체는 구름 등이 아니라 입자 모양으로 표현되어야 하며, 어느 한 쪽에 쏠리지 않고 골고루 퍼져 있어야 한다. 학생 응답의 3단계 분류를 위해 약 80%의 데이터를 인셉션 v3(Inception-v3) 모델 훈련을 위해 사용하고 나머지

20%의 데이터를 테스트하였을 때, 학생의 그림만을 고려했을 때는 인간 평가자 대비 82~94%의 일치도를, 학생의 그림과 글을 모두 고려했을 때는 86~96%의 일치도를 보임을 확인할 수 있었다.

대규모 언어 모델과 자동 평가

한편 대규모 언어 모델은 학생들의 실제 수행에 대한 평가 및 실시간 피드백을 실현해 나가고 있다. 대규모 언어 모델은 일종의 사전 훈련 모델(pre-trained model)에 해당한다. 개별 사용자들이 고성능 AI 모델을 구축하기 위해서 대규모 데이터를 수집하거나 컴퓨팅 자원을 확보하기는 어려운 일이다. 또한 AI 모델을 통해 해결하고자 하는 문제가 바뀔 때마다 거대한 모델을 처음부터 새로 훈련시키는 것 역시 쉽지 않다. 반면 빅테크 기업들 및 전문적인 AI 연구 기관들은 많은 자원을 투입하여 데이터를 확보하고 AI 모델을 훈련시키는 일에 사업적으로 집중하고 있다. 이렇게 사전 훈련된 모델 중 일부는 더 많은 사용자에게 공개된다. 자동 채점 연구 분야에서 대규모 언어 모델의 가장 특기할 만한 점은 이처럼 대규모 언어 데이터로 학습된 모델이 이미 어느 정도의 일반적인 논리적 추론 능력을 지니고 있으므로 자동 채점을 위해 기존과 같은 만큼의 학습 데이터를 요구하지 않을 수 있다는 점이다. 예를 들어 기존에는 1,000개의 관측치가 있을 경우 약 800개를 모델 훈련에 사용하고 나머지 200개를 모델 테스트를 위해 사용하였다면, 대규모 언어 모델은 대부분의 관측치를 모델 테스트에 사용할 수 있는 가능성을 열어 준다.

베베르스도르프 등(Bewersdorff et al., 2024)은 중학생들이 실험을 계획하고 수행한 프로토콜을 지피티(GPT)-3.5와 지피티(GPT)-4를 기반으로 자동 분석하였다. 학생들은 효모가 이산화탄소를 발생시킬 조건 및 솔방울 비늘이 닫힐 조건을 탐구하면서, 가설을 설정하고, 실험을 설계 및 수행하고, 관찰 및 자료 분석을 수행하고, 결과를 기반으로 결론을 내렸다. 연구자들은 65개의 프로토콜 데이터 중 25개를 지피티가 학생들의 실험 프로토콜을 채점할 수 있도록 하는 훈련에 사용하였으며, 더 많은 40개의 데이터를 테스트에 사용하였다. 연구 결과 지피티는 인간 전문가의 채점과 비교하여 16개의 영역 중 11개의 영역에서 80% 이상의 일치율(accuracy)을 보였다.

한편 조와 하(Jho & Ha, 2024)는 지피티를 기반으로 학생들의 과학 토론을 자동으로 분석하고 이에 대해 실시간으로 피드백을 제공하는 웹 기반 시스템을 개발하였다. 해당 시스템에 특정 주제에 대한 학생의 전체 주장을 입력하면 과학 교육에서 사용되어 오던 과학 토론 분석틀에 따라 여러 가지 요소가 적절히 잘 포함되어 있는지를 알 수 있다. 예를 들어, 조지프(Joseph)라는 학생이 소금이 신진대사에 미치는 영향에 대한 자신의 생각을 타이핑하면, 그 서술형 응답 안에서 학생의 주장은 무엇이며, 어떤 데이터를 활용하고 있는지, 이를 뒷받침하는 증거는 무엇인지 등이 실시간으로 분석되어 나오고 최종 점수와 피드백 역시 제공되는 것이다.

AI 기반 과학 평가는 대규모 언어 모델을 중심으로 급속히 재편되고 있으며, 한동안 이러한 흐름이 계속될 것이다. 다만 한 가지는, 위에서 언급한 연구 대부분이 영문 텍스트에 기반하였던 것이 사실인바, 한국어 기반의 과학 자동 평가 역시 지속적으로 시도될 필요가 있다(참조: 이경건 외, 2018; 하민수 외, 2019; Jho & Ha, 2024). 이 역시 대규모 언어 모델이 열어 줄 또 하나의 가능성일 수 있다.

참고문헌

이경건·하민수(2020). 인공지능 기반 자동평가의 현재와 미래:

서술형 문항에 관한 문헌 고찰과 그 너머. ≪교육공학연구≫, 36(2), 353-382쪽.

이경건 외(2018). 머신러닝을 활용한 과학 논변 구성 요소 코딩 자동화 가능성 탐색 연구. ≪한국과학교육학회지≫, 38(2), 219-234쪽.

하민수 외(2019). 학습 도구로서의 서술형 평가 그리고 인공지능의 활용: WA3I 프로젝트 사례. ≪현장과학교육≫, 13(3), 271-282쪽.

Bewersdorff, A., et al.(2023). Assessing student errors in experimentation using artificial intelligence and large language models: A comparative study with human raters. *Computers and Education: Artificial Intelligence*, 5, p.100177.

Educational Testing Service(n.d.). TOEFL iBT®: Understand scores. ETS. https://www.ets.org/toefl/test-takers/ibt/scores/understand-scores.html

Guo, S., et al.(2024). Artificial intelligence in education research during 2013–2023: A review based on bibliometric analysis. *Education and Information Technologies*. https://doi.org/10.1007/s10639-024-12491-8

Ha, M., et al.(2011). Applying computerized-scoring models of written biological explanations across courses and colleges: Prospects and limitations. *CBE-Life Sciences Education*, 10(4), pp.379-393.

Haudek, K. C., et al.(2012). What are they thinking? Automated analysis of student writing about acid–base chemistry in introductory biology. *CBE—Life Sciences Education*, 11(3), pp.283-293.

Jho, H., & Ha, M.(2024). Towards Effective Argumentation:

Design and Implementation of a Generative AI-Based Evaluation and Feedback System. *Journal of Baltic Science Education*, 23(2), pp.280-291.

Lee, J., et al.(2023). Automated assessment of student hand drawings in free-response items on the particulate nature of matter. *Journal of Science Education and Technology*, 32(4), pp.549-566.

Liu, O. L., et al.(2016). Validation of automated scoring of science assessments. *Journal of Research in Science Teaching*, 53(2), pp.215-233.

Moharreri, K., et al.(2014). EvoGrader: An online formative assessment tool for automatically evaluating written evolutionary explanations. *Evolution: Education and Outreach*, 7(1), p.15.

Nehm, R. H., & Ha, M.(2011). Item feature effects in evolution assessment. *Journal of Research in Science Teaching*, 48(3), pp.237-256.

Nehm, R. H., & Haertig, H.(2012). Human vs. computer diagnosis of students' natural selection knowledge: Testing the efficacy of text analytic software. *Journal of Science Education and Technology*, 21(1), pp.56-73.

Page, E. B.(1966). The imminence of... grading essays by computer. *The Phi Delta Kappan*, 47(5), pp.238-243.

Sripathi, K. N., et al.(2019). Mixed student ideas about mechanisms of human weight loss. *CBE—Life Sciences Education*, 18(3), ar37.

Weston, M., et al.(2015). Examining the impact of question surface features on students' answers to constructed-response questions on photosynthesis.

CBE—Life Sciences Education, 14(2), ar19.
Zhai, X., et al.(2022). Applying machine learning to automatically assess scientific models. *Journal of Research in Science Teaching*, 59(10), pp.1765–1794.

05
AI 기반 과학 교수 학습

AI 기반 과학 교수 학습은 AI 기반 형성 평가의 가능성으로부터 출발한다. AI 챗봇과 함께하는 과학 교수 학습의 구체적인 사례들이 보고되고 있다. 우리나라의 AI 융합 교육 정책 역시 교사를 중심으로 AI 기반 과학 교수 학습의 다양한 가능성을 펼치고 있다.

AI와 아이돌?

형성 평가와 교수 학습

흔히 기말고사와 같이 학생이 정해진 교육을 이수한 후에 특정 수준의 능력을 달성했는지를 평가하는 것을 총괄 평가(summative evaluation)라고 하며, 교실에서 학생의 강점과 약점에 관한 정보를 제공함으로써 학습을 돕기 위한 평가를 형성 평가(formative assessment)라고 한다(NRC, 2001). 평가가 학습을 도울 수 있다면, 총괄 평가만 이루어지기보다는 적절한 빈도의 형성 평가가 이루어졌을 때 교사가 학생에 맞춘 교수 활동을 하여 결과적으로 학생이 더 나은 상태에 도달하도록 하는 데 긍정적으로 작용할 것이다. 이런 면에서 형성 평가는 우리나라에서 1999년부터 학교 현장에 적용해 온 수행 평가 및 2015 개정 교육과정에서부터 도입하고 있는 과정 중심 평가와 어느 정도 상통하는 면이 있다(참조: 김유정 외, 2019).

그런데 높은 수준의 형성 평가를 수행하는 일은 상당히 복잡한 과정을 포함하기 때문에 형성 평가가 교실에서 마냥 잘 시행되기만 하는 것은 아니다(NRC, 2001). 이런 면에서, 지능적 튜터링 시스템 등 교사들이 많은 학생들의 지식에 대한 데이터를 수집하고 처리하는 일을 돕는 테크놀로지는 형성 평가를 구현하는 데 큰 도움이 되어 왔으며, 이 중 일부는 이미 20년도 더 전에 인공신경망 기반 AI 모델의 형태를 띠고 있었다(NRC, 2001).

예컨대 하민수 등(2019)은 컴퓨터 자동 채점에 기반한 형성 평가가 적용되어야 할 분야가 서술형 평가라고 보았다. 서술형 평가는 선택형 평가에 비하여 학생들이 지닌 과학 개념을 보다 정밀하게 진단하고, 학생의 사고를 촉진하며, 효과적인 개념 변화를 유도할 수 있다. 이에 연구자들은 '인공지능을 활용한 웹 기반 자동 평가' 시스템, 곧 WA3I(Web-based Automated Assessment with Artificial Intelligence)를 개발 및 소개하였다. 해당 플랫폼은 31개의 서술형 과학 문항을 탑재하였다. WA3I 시스템은 학생이 문항을 선택하고 응답을 작성하면, 정답의 경우 칭찬 피드백과 함께 학습 개념을 제공하고 다음 문항을 선택할 수 있도록 한다. 그러나 오답 및 부분 점수가 있는 경우 격려 피드백과 함께 힌트를 제공하고 재응답의 기회를 부여한다.

AI가 보여 주는 형성 평가 지원의 가능성에도 불구하고, 2023년 과학 교육 연구 분야의 톱 저널인 ≪과학 교수 연구 저널(Journal of Research in Science Teaching)≫에서 이와 관련한 논쟁이 오간 바 있다. 코멘트 섹션에서 리 등(Li et al., 2023)이 포문을 열었다. 그들은 AI 기술이 형성 평가에 적용될 만큼 충분히 발전했는지, 설사 그렇다 해도 인간 평가자가 아닌 AI를 도입하는 일이 적절한지를 비판적으로 논의하였다. 이에 대한 응답으로 자이와 넴(Zhai and Nehm, 2023)은 "기차는 이미 역을 떠났다(the train has left the station)"라며 AI가 다양한 교육적 맥락에서 형성 평가에 사용된 사례가 이미 많음과 함께 과학 교육 연구 공동체가 AI 혁명을 따라잡아야 한다고 역설하였다. 마지막으로, 크리스트와 쿠브슈(Krist & Kubsch, 2023)는 위의 두 코멘트에 응답하며 AI가 엄청난 가능성과 큰 리스크를 동시에 가져오고 있음을 균형 있게 바라보았다. 이러한 논의들은 과학 교육 연구자들이 전반적으로 AI가 형성 평가에 사용될 수 있는 기능적 효용은 인정하지만 일부는 그 사용에 신중함을 기하고자 함을 보여 준다.

AI 챗봇과 과학 교육

최근 AI 기반 과학 교수 학습의 대표적인 유형으로서 챗봇 기반의 학습이 주목받고 있다. 오콘쿼와 아데이비홀라(Okonkwo & Ade-Ibijola, 2021)는 챗봇을 학생들의 질문에 즉각 응답할 수 있는 대화적이거나 상호작용적인 에이전트로 이해한다. 그들은 챗봇 활용의 주요 장점으로서 학습 내용 요소를 통합하기 쉽다는 점, 빠른 접근이 가능하다는 점, 동기와 참여도가 올라간다는 점, 다중 사용자를 허락한다는 점, 챗봇이 학생들에게 즉각적인 도움을 제공한다는 점을 들었다.

이에 더하여, 챗봇이 학생들에게 매우 친숙한 사용자 인터페이스를 기반으로 한다는 점 역시 중요하다고 보인다. 또한 지금까지 이미 다양한 챗봇 개발 플랫폼이 상용화되어 있으므로 여타의 AI 교육 시스템에 비하여 구현이 수월하고, 규칙-기반 모델은 내부 작동 방식이 설명 가능(explainable)하므로 교육적으로 활용하기에 적절한 것으로 생각된다. 최근에 보고된 AI 챗봇 기반 과학 교수 학습 연구 사례는 다음과 같다.

창 등(Chang et al., 2023)은 18명의 초등학교 5~6학년 학생들이 참여하는 과학 영재 교육 프로그램에서 카카오 챗봇을 활용하여 소리의 전달과 관련된 세 번의 수업을 진행하였다. 학생들은 소리의 전달과 관련된 기초 지식을 쌓은 이후에 탐구를 설계하고 실행하는 과정에서 챗봇과 상호작용하였다. 연구 결과, 챗봇은 학생들이 자신의 속도에 맞추어 탐구를 진행할 수 있도록 돕고, 교사가 학생들의 탐구 아이디어를 이해하도록 도울 수 있었다. 그러나 규칙 기반 챗봇의 특성이 자연스러운 대화를 저해하며 학생들이 챗봇을 조작하는 데만 집중하여 자신의 생각을 쓰는 일이 줄어들기도 하였다.

그런가 하면 이 등(Lee et al., 2023)은 초등학교 6학년에게 광학을 가르치는 수업 모듈에서 자기 주도 학습(self-directed learning)을 위해 활용될 수 있는 AI 챗봇을 개발해 81명의 학생들에게 적용하였다. 분석-설계-개발-실행-평가라는 교육공학적 순서를 따라 진행된 연구에서 AI 챗봇과 함께 학습한 학생들은 그러지 않았던 학생들에 비해 광학 개념에 대한 인지적 이해에서 더 높은 점수를 보였으며, 과학에 대한 태도 중 흥미 영역에서도 더 높은 점수를 보이는 것으로 나타났다.

더 나아가 응 등(Ng et al., 2024)은 74명의 중등학교 학생을 대상으로 '힘과 운동' 단원을 가르치는 과정에서 챗봇의 효과를 탐색하였다. 연구의 결과, 챗지피티(ChatGPT) 기반의 자기 조절 학습(self-regulated learning) 챗봇과 함께 학습한 학생들이 규칙 기반의 다른 챗봇과 함께 학습을 한 학생들에 비하여 과학 동기 및 과학 지식 점수가 더 크게 향상되었다.

위와 같은 연구들은 AI 챗봇 기반의 과학 교수 학습이 학생들의 과학 지식, 동기, 탐구 수행 능력 등을 전반적으로 증진할 수 있음을 보여 준다. 또한 그 가운데 학생들과 AI 모델의 상호작용을 잘 구조화하고 자기 조절 · 주도 학습을 촉진하는 일이 중요한 요소임을 알 수 있다.

교사와 AI 융합 과학 교수 학습

우리나라는 AI 교육 역량을 갖춘 교사를 양성하는 데 글로벌 수준에서 선도적인 정책을 펼치고 있다고 보인다. 교육부와 전국 17개 시 · 도 교육청이 이미 2020년 9월부터 38개 교육대학원과 협약하여 AI 융합 교육 전공을 운영 중이다. 5년간 매년 1,000명 내외의 현직 교사를 선발하여 AI 융합 교육 전공으로서 석사 학위 과정을 밟도록 함으로써, "4차 산업혁명에 따른 교육의 변화에 대응하여 현직 교사의 역량 강화"를 도모해 왔다(교육부, 2020, p.3).

그런가 하면 아이에답(AI EDucation Alliance and Policy lab, AIEDAP) 사업은 교육부, 시도교육청, 대학, 민간기업, 교사들이 참여하여 교원의 AI · 디지털 역량 강화를 추진하고 있다. 아이에답(AIEDAP, 2023)은 초등에서 10건, 중등에서 10건의 AI 융합 수업 우수 사례를 소개하고 있다. 그중 과학 교과와 연관된 사례들은 '안전한 자동차를 만들어요', '생성형 AI를 활용한 지구촌 문제 해결 캠페인 자료 만들기', '머신러닝으로 친환경 자동차와 대기오염 물질의 관계 예측하기', 'AI야, 안전한 실험을 부탁해!' 등이 있다.

큰 기조를 함께하는 지역 교육청별 사업도 적지 않은데, 서울특별시교육청의 AI · 에듀테크 선도교사단 사업 역시 AI를 활용한 구체적인 교수 학습의 모습을 그려 내는 데 힘을 기울이고 있다. 서울특별시교육청(2023)의 AI 교육 선도교사단 사례 나눔집에서는 초등학교에서 9건, 중학교에서 4건, 고등학교에서 4건의 우수 사례를 제시하고 있다. 그중 과학 교과와 연관된 사례들은 '디지털 도구를 활용한 기후 변화 교육', 'AI 기반 융합 교육 프로젝트 AI.S.T.E.A.M.', '인공지능과 함께 태양계 행성 조사하기', '인공지능 로봇 공학 SW 교육 프로그램' 등이 있다.

위와 같은 사례들은 현장 교원들의 경험이 녹아 있는 AI 융합 과학 교수 학습의 모습을 보여 주며 구체적인 교수 학습 방법을 제공할 뿐 아니라 그것이 우리나라 국가 교육과정 및 성취 기준과 어떠한 연관이 있는지를 제시해 준다는 점에서 특장점을 지닌다. AI가 과학 교수 학습에 사용될 미래는 어떤 면에서는 교사들의 시각에서 가장 잘 그려질 수 있을 것이라는 점에서, 이러한 우수 사례들은 향후 AI가 융합된 과학 교수 학습이 우리나라에서 순탄하게 자리 잡을 것임을 예상하게 한다.

참고문헌

교육부(2020.10.28). 현직 교사의 인공지능 융합교육 역량 강화를 위해 교육부, 시도교육청, 38개 교육대학원이 힘을 합치다 [보도자료].

김유정 외(2019). 교사의 과정 중심 평가 역량(T-PEC) 진단도구 개발 및 타당화. ≪한국교원교육연구≫, 36(3), 99-121쪽.

하민수 외(2019). 학습 도구로서의 서술형 평가 그리고 인공지능의 활용: WA3I 프로젝트 사례. ≪현장과학교육≫, 13(3), 271-282쪽.

AI EDucation Alliance and Policy lab[AIEDAP](2023). 2023 AI 융합수업 우수 사례집.

Chang, J., et al.(2023). Using an artificial intelligence chatbot in scientific inquiry: Focusing on a guided-inquiry activity using inquirybot. *Asia-Pacific Science Education*, 9(1), pp.44-74.

Krist, C., & Kubsch, M.(2023). Bias, bias everywhere: A response to Li et al. and Zhai and Nehm. *Journal of Research in Science Teaching*, 60(10), pp.2395-2399.

Lee, J., et al.(2023). Improving science conceptual understanding and attitudes in elementary science classes through the development and application of a rule-based AI chatbot. *Asia-Pacific Science Education*, 9(2), pp.365-412.

Li, T., et al.(2023). Can we and should we use artificial intelligence for formative assessment in science. *Journal of Research in Science Teaching*, 60(6), pp.1385-1389.

National Research Council[NRC](2001). *Knowing what students know: The science and design of educational assessment.* Washington, DC: The National Academies Press.

https://doi.org/10.17226/10019

Ng, D. T. K., et al.(2024). Empowering student self-regulated learning and science education through ChatGPT: A pioneering pilot study. B*ritish Journal of Educational Technology*. https://doi.org/10.1111/bjet.13454

Okonkwo, C. W., & Ade-Ibijola, A.(2021). Chatbots applications in education: A systematic review. *Computers and Education: Artificial Intelligence*, 2, p.100033.

Zhai, X., & Nehm, R. H.(2023). AI and formative assessment: The train has left the station. *Journal of Research in Science Teaching*, 60(6), pp.1390-1398.

06
멀티모달 AI와 과학 교육

과학 교육에서 AI가 처리하고 판단하는 데이터의 종류가 다변화되고 있다. 기존처럼 텍스트 데이터에 머물지 않고 음성, 이미지, 영상 데이터 역시도 실시간으로 처리하는 AI가 과학 교육에 활용될 수 있다.

AI와 야구?

AI와 멀티모달리티

교실에는 멀티모달(multimodal, 다중양식) 데이터가 떠다닌다. 교사와 학생들은 읽고 쓸 뿐만 아니라(텍스트), 말하고 들으며(오디오), 본다(이미지). 그것도 연속적으로 말이다(비디오)(Lee & Zhai, 2024). 그렇다면 과학 교육은 텍스트뿐 아니라 오디오, 이미지, 비디오 등의 모드(mode, 양식) 역시도 활용하는 편이 좋을 것이다. 각각의 모드가 학습에 고유하게 기여하는 영역이 있을 것으로 예상되기 때문이다. 예컨대, 췌와 탄은 대학생들의 유기화학 문제 풀이 과정을 연구하는 상황을 제시하며 이는 그들의 말뿐만 아니라 글, 분자 및 반응식 그림, 특히 손짓 등의 제스처를 종합적으로 고려해야만 더욱 정밀하게 알 수 있다고 하였다(Chue & Tan, 2012).

리와 시 등(Lee et al., 2023b)은 이중 부호화 이론(dual coding theory), 멀티미디어(multimedia) 이론, VARK(Visual, Audio, Read/Write, and Kinesthetic) 멀티모달리티(multimodality) 이론, 멀티모달 평가 등의 이론적 기반을 소개하며, 인간의 학습 자체가 멀티모달리티에 기대고 있으며 AI에 의해 멀티모달 학습이 증진될 수 있음을 논의하였다.

하지만 이런 어려운 이야기를 차치하고서라도, 우리

가 일상에서 종종 사용하는 숙어 안에도 멀티모달 러닝의 원리가 함축되어 있기도 하다. '백문(百聞)이 불여일견(不如一見)' 또는 이에 준하는 '그림 한 장이 낱말 천 개만큼 값지다(A picture is worth a thousand words)'가 그것이다. 이를 재해석하면 다음과 같은 함의를 도출할 수 있다. (1) 텍스트와 이미지는 서로 다른 정보를 제공한다. (2) 텍스트보다 이미지가 더 희소하다. (3) 텍스트에 비해서 이미지가 더 값비싼 정보를 제공한다(어쩌면, 우리말식으로는 100배, 영어식으로는 1000배 정도나). 우리 모두는 이미 텍스트를 넘어서는 멀티모달 러닝의 중요성을 알게 모르게 체득하고 있었을 수도 있다.

리와 시 등(Lee et al., 2023b)은 AI가 인공일반지능(Artificial General Intelligence)으로서 발전해 나가면서 교육적으로도 잘 활용되기 위해서는 멀티모달리티를 충족해야 한다고 하였다. 곧 텍스트, 이미지, 오디오, 비디오 등을 개별적으로 또는 종합적으로 분석하고 생성하는 AI야말로 이와 같이 다양한 인간 학습의 인지적 경로들을 모두 충족해 줄 수 있다는 것이다. 본 장에서는 텍스트 모달리티보다 한 층 더 나아간, 그러면서도 비디오 모달리티의 구현 요소인 이미지와 오디오 모달리티가 AI를 통해 과학 교육에 활용된 사례를 소개한다.

시각-언어 모델

시각-언어 모델(vision-language model)은 "이미지와 텍스트로부터 동시에 학습함으로써 시각 질문 응답(visual question answering)이나 이미지 캡션 달기 등의 다양한 작업을 하는 모델"로서 정의된다(Noyan & Beeching, 2024). 달리 표현하자면 시각-언어 모델은 대규모 언어 모델(large language model)의 차원을 확장하여 이미지 데이터와 함께 훈련시킨 모델이라고 할 수 있다. 시각 언어 모델들은 이미지와 텍스트의 정보를 상호 연관시키는 이해 및 처리 능력을 보인다.

리와 자이(Lee & Zhai, 2024)는 오픈AI(OpenAI)의 지피티(GPT)-4V를 통해 과학 교육에서 시각 질문 응답 기법을 사용할 수 있게 되었다고 하였다. 기존에는 시각 질문 응답이 컴퓨터 비전 분야의 전문가들만이 사용 가능한 어려운 테크닉이었으므로 교육학자들에 의해 활용된 사례가 매우 드물었다. 그런데 이제는 누구나 이미지를 업로드하면서 그에 관해 채팅으로 질문하는 것만으로 이를 사용할 수 있게 되었다는 것이다. 예컨대, 시각 질문 응답 기법은 실험실 자원 및 환경 평가하기에 사용될 수 있었다. 지피티-4V는 실험실과 그곳에서 실험을 수행 중인 사람에 대한 이미지와 함께, 사진에서 무엇을 관찰하였는지, 실험실 자원과 환경을 어떻게 평가할 수 있을지, 또한 잘 준수되고 있거나 그렇지 않은 실험 안전 수칙이 무엇인지에 관한 질문을 사용자로부터 받았다. 그 결과 지피티-4V는 화학 물질이 담긴 병이나 파이펫, pH 측정기, 실험복, 노트북 등을 발견하였다. 결과적으로 실험실은 다양한 도구와 장비 들을 갖추고 있는 것으로 평가되었다. 실험실 안전 수칙은 실험복과 흡기 장치 등을 볼 때 대체로 잘 준수되고 있었으나 물건이 다소 빽빽하게 배치되어 있어 화학 물질을 쏟아 버리게 될 위험이 있다고 판단하였다.

한편 리와 자이(Lee & Zhai, 2023)는 지피티-4V를 이용해 중학생들이 화학 반응에 대한 자신들의 이해를 그림으로 표현한 내용을 자동 채점하였다. 두 사람에 따르면 지피티-4V 등의 시각 언어 모델을 활용한 이미지 자동 채점에서 가장 큰 장점은 기존과 같이 컴퓨터 비전 모델을 훈련시키기 위해 많은 데이터가 필요하지 않다는 점이다. 또한 그들은 네리프(Notation-Enhanced Rubric Instruction for Few-shot Learning, NERIF)라는 프롬프트 엔지니어링 방법론을 고안하며, 지피티-4V에게 학생들의 그림 응답 특성을 채점할 때 주의하여야 할 사항을 루브릭에 비추어 설명해 줄 때 시각-언어 모델의 채점 성능이 올라감을 보였다. 다만 학생들의 과학 문항 응답에 특화되지 않은 모델의 경우 다범주 문항들에 대한 자동 채점 정확도가 낮은 편이었으므로 채점 정확도를 향상할 수 있는 방법을 강구할 필요가 있다고 하였다.

2024년 8월 현재 지피티-4o를 비롯하여 더 나은 성능의 시각-언어 모델이 공개되고 있으며 향후 더 정교한 자동 채점 아키텍처 및 프롬프트가 개발될 것으로 예상된다. 머지않은 미래에 시각-언어 모델들을 과학 교실 현장에서 사용할 수 있을 것으로 보인다.

음성 대화와 AI 스피커

삼성의 빅스비(Bixby), 애플(Apple)의 시리(Siri), 아마존(Amazon)의 알렉사(Alexa) 등은 오늘날 많은 글로벌 유저들이 일상적으로 사용하고 있는 AI 스피커 서비스다. AI 스피커를 활용한 학습은 영어 교육 분야에서 각광을 받아 왔다. 이전에는 영어 회화를 배우기 위해 외국으로 어학연수를 떠나거나 원어민 교사를 한국으로 데려오는 등 큰 비용을 지출해야 했다면, AI와 대화하면서 이와 유사한 효과를 누릴 수 있게 된 것이다. 스픽(Speak), 엘사(ELSA Speak), 케이크(Cake) 등의 영어 교육 모바일 애플리케이션이 대표 사례다.

하지만 AI 스피커가 영어 교육에만 활용될 수 있는 것은 아니다. 예컨대 김 등(Kim et al., 2018)은 발화자의 음성 데이터를 기반으로 자신감 등의 감성을 인식하는 기술이 AI 스마트 교실을 구축하는 데 일조할 수 있다고 하였다. 그런가 하면 이들은 또한 SKT의 누구(NUGU) AI 스피커 플랫폼을 활용한 교육 프로그램이 노령자의 메타 기억력을 증진할 수 있다고 보고하였다.

이와 최 등(Lee et al., 2023a) 역시 누구 플랫폼을 기반으로 AI 스피커가 과학 교육에 사용될 수 있는 가능성을 보였다. 그들은 화학 실험실에서 AI 스피커가 학생들의 질문에 따라 (1) 실험 초반부에서 원하는 농도의 용액을 만들기 위해 몇 g의 시약이 필요한지, (2) 실험 중반부에서 지시약의 색이 어떻게 변하는지, (3) 실험 후반부에서 여러 종류의 폐수를 어떤 용기에 구별하여 버려야 하는지 등을 안내할 수 있음을 보였다. 그들은 AI 스피커를 화학 실험실에 도입한 장점으로서 실험용 장갑을 낀 채로 노트북이나 핸드폰을 만지지 않아도 정보를 얻을 수 있게 되어 안전 수칙을 더 잘 지킬 수 있다는 점에 주목하였다. 그리고 실험 교육에서 그동안 상대적으로 적게 활용되던 청각(Audio) 채널이 AI 스피커에 의해 적극 활용됨으로써 상기한 VARK 멀티모달리티가 전반적으로 충족될 수 있다고 하였다.

현재로서 AI 스피커를 활용한 (과학) 교육의 최대 장애물은 소음이 많은 환경에서의 음성 인식 정확도인 것으로 생각된다. 리와 최 등(Lee et al., 2023a)에 따르면 그 해결책은 첫째로 더 나은 음성 인식 기술이 개발될 때까지 기다리는 것이다. 그러나 이는 교실 상황에서의 문제를 테크놀로지에 기대어 해결하려고 하는 듯한 인상을 남긴다. 두 번째는 연구에 참여한 학생들에게 나온 의견으로 키워드 기반의 대화를 구현하는 것이다. 예컨대 "염산은 어디에 버리는 게 좋을까?"라고 길게 말하면 AI 스피커가 이를 정확히 인식할 확률이 줄어든다. 차라리, 여러 종류의 폐액통 근처에 배치된 AI 스피커에 대고 단순하게 "염산"이라고만 말해도, 학생의 의도는 전달된다는 것이다. 이는 분명히 주효할 수 있는 전략이다. 이를 통해 AI 기반 학습 도구들의 개발에 사용 당사자인 학생들의 의견이 반영되는 것이 바람직할 것이라는 점 역시 상기하게 된다.

참고문헌

Chue, S., & Tan, K. C. D.(2012). Multimodality in problem solving. In Tan, K. C. D., & Kim, M.(Eds.). I*ssues and* *challenges in science education research: Moving forward*(pp. 55–71). Dordrecht: Springer Netherlands.

Kim, J., et al.(2021). Efficacy of smart speaker – based metamemory training in older adults: Case–control cohort study. *Journal of Medical Internet Research*, 23(2), e20177.

Kim, Y., et al.(2018). Towards emotionally aware AI smart classroom: Current issues and directions for engineering and education. *IEEE Access*, 6, 5308 – 5331.

Lee, G. –G., et al.(2023a). Development of the hands–free AI speaker system supporting hands–on science laboratory class: A rapid prototyping. *International Journal of Emerging Technologies in Learning*, 18(1), 115–136.

Lee, G. –G., et al.(2023b). Multimodality of ai for education: Towards artificial general intelligence. *arXiv preprint arXiv:2312.06037.*

Lee, G. –G., & Zhaï, X.(2023). NERIF: GPT–4V for automatic scoring of drawn models. *arXiv preprint arXiv:2311.12990.*

Lee, G. –G., & Zhai, X.(2024). Realizing Visual Question Answering for Education: GPT–4V as a Multimodal AI. *arXiv preprint arXiv:2405.07163.*

Noyan, M., & Beeching, E.(2024.4.11). Vision language models explained. Hugging Face. https://huggingface.co/blog/vlms#vision–language–models–explained

07
대규모 언어 모델과 과학 교육

대규모 언어 모델은 매우 큰 규모의 텍스트 데이터로 사전 훈련되어 있다. 이는 사용자 쪽에서 데이터를 준비하거나 모델을 훈련시켜야 했던 기술적 장벽을 극적으로 무너뜨렸다. 특히 챗지피티를 필두로 한 대규모 언어 모델이 과학 교육의 지형을 바꾸어 나가고 있다.

AI와 윤동주?

AI 언어 모델

AI 분야에서 언어 모델의 단순한 접근 중 하나는 특정한 시점 *t*까지 나타난 단어들을 보고 그다음 시점인 *t+1*에 나올 단어를 확률적으로 추론하는 것이다(Goodfellow et al., 2016). 예를 들어, 충분히 큰 한국어 말뭉치로 학습한 언어 모델이라면 "동해물과 백두산이 마르고"라는 순서로 배열된 단어들을 보고 그다음에는 "닳도록"이라는 단어를 등장시킬 것이다. 이러한 추론은 논리적이거나 필연적인 것이 아니라(규칙 기반 모델), 모델 훈련에 사용된 한국어 데이터에서 그런 순열의 단어들이 많았다는 점에 기반하는 것이다(데이터 기반 모델).

데이터 기반의 언어 모델이 보편화되면서 기계가 언어의 구문론(syntax)을 넘어 의미론(semantics)을 이해할 수 있게 되었다. 딥러닝 기반의 언어 모델은 하나의 단어나 문장을 고차원의 좌표 위에 나타낼 수 있게 만든다. 이렇게 언어 단위들을 좌표 위에 위치시키게 되면, 좌표들 사이의 차이를 마치 거리와 방향을 가진 화살표 같은 벡터로 표현할 수 있다. 이 벡터가 언어의 의미론적 연산을 가능하게 한다. 예를 들어, 워드투벡터(Word2Vec) 모델에서 '한국' 좌표에서 '서울' 좌표로의 벡터는 한 나라의 수도를 묻는 의미를 지니는 것으로 볼 수 있다. 이

벡터를 '프랑스' 좌표에 적용하면 언어 모델은 '파리' 좌표를 답으로 내놓게 된다. 큰 규모의 언어 모델이라면 더 고차원적인 문제 공간에서의 복잡한 연산을 통해 수준 높은 질문들도 처리할 수 있다.

대규모 언어 모델의 원리

대규모 언어 모델(large language model, LLM)은 "매우 많은 양의 데이터로 훈련되어 자연어 및 다른 형태의 내용을 이해 및 생성할 수 있어 넓은 범위의 작업을 할 수 있는 토대 모델의 범주"로 정의된다(IBM, n.d.). 예컨대 챗지피티(ChatGPT)의 내부 모듈은 인터넷, 서적, 위키피디아 등에서 추출한 약 5천억 개의 단어로 학습되었다(Brown et al., 2020).

대규모 언어 모델의 초기 형태 중 하나로 구글(Google) 개발자들에 의해 2018년에 등장한 버트(BERT, Bidirectional Encoder Representations from Transformers)가 있다(Devlin et al., 2018). 버트는 문장 중간의 일부 단어들을 가린 상태에서 해당 단어를 추측하거나(masked language model) 한 문장 이후에 따라올 다음 문장을 추측하게 하는 방법으로(next sentence predictor) 양방향(bidirectional) 언어 모델을 구축하였다.

한편 오픈AI(OpenAI)의 지피티(GPT, Generative Pre-trained Transformer) 역시 2018년에 등장하였다(Radford et al., 2018). 지피티는 생성형(generative)이라는 이름에 걸맞게 우선 데이터로부터 그와 유사한 패턴을 보이는 텍스트를 생성하도록 하는 사전 훈련(pre-train)을 거치고, 이후에 특정 과제를 잘 수행할 수 있도록 파인 튜닝 된다(Radford et al., 2018).

지피티-3.5는 오픈AI가 2022년 11월 30일에 공개한 챗지피티의 내부 모듈로 사용되었다. 주지하듯이 챗지피티는 대규모 언어 모델이 일반 대중에게 알려지게 된 가장 큰 계기가 되었다. 챗지피티는 챗봇 형태의 사용자 인터페이스로 고성능의 지피티-3.5 모델을 누구나 손쉽게 사용할 수 있도록 하면서 세계적인 인기를 얻었다. 과학 교육 연구자들 역시 예외는 아니었다.

과학 교육 연구에서의 대규모 언어 모델

불프 등(Wulff et al., 2023)은 버트를 사용하여 예비 물리 교사들의 성찰 글쓰기를 분류하는 일을 시도하였다. 여기서 버트의 분류 성능이 다른 기초적인 딥러닝 모델들보다 더 뛰어남이 보고되었다. 류 등(Liu et al., 2023)은 과학 교육 관련 논문 텍스트와 학생들의 과학 답안을 추가로 투입하여 재훈련시킨 사이에드버트(SciEdBERT)가 기본 버트 모델에 비하여 더 나은 서술형 답안 채점 정확도를 나타낸다고 보고하였다. 그런가 하면 라티프 등(Latif et al., 2024)은 일반적인 독일어 텍스트를 추가 투입한 지버트(G-BERT)에 비해 학생들의 독일어 과학 서술형 답안을 추가 투입한 지사이에드버트(G-SciEdBERT)가 약 10% 향상된 채점 정확도를 보였다고 보고하였다.

쿠퍼(Cooper, 2023)는 챗지피티가 효과적인 과학 수업의 방법을 제시하고, 수업을 따라오지 못하는 학생을 지도하는 방법을 알려 주며, 특정한 교수 학습 모델과 내용 요소를 고려한 수업계획안을 작성하고, 채점 루브릭과 퀴즈 문항을 작성하는 등의 기능을 제공함을 보여 주었다. 펠드먼마고 등(Feldman-Maggor et al., 2024)은 과학 교사들이 챗지피티를 정확하고 책임 있게 활용하기 위해서 교과 내용 지식, 교과 교육 지식, 테크놀로지 지식을 종합적으로 활용하여야 한다고 논의하였다. 그런가 하면 리와 이론시(Li & Ironsi, 2024)는 챗지피티를 예비 과학 교사의 글쓰기 기술을 향상하는 데 활용하였으나 그 효과가 미미하다고 하였다.

정리하자면, 버트는 채점 모델을 구축하는 데 사용되

어 온 경향이 있으며 데이터의 특성에 따라 채점 성능이 달라진다는 일련의 연구가 보고되어 왔다. 그런가 하면 챗지피티는 생성형 AI의 특성상 채점뿐만 아니라 더욱 다양한 분야에서 과학 교육에 접목될 가능성이 탐색되고 있으며 특히 과학 교사들이 챗지피티를 어떻게 긍정적인 방향으로 활용할 수 있을지 연구가 이루어지고 있다.

과학 교육에서의 프롬프트 엔지니어링

프롬프트(prompt)는 "생성형 AI가 특정한 작업을 수행하도록 요청하는 자연어 텍스트"로, 프롬프트 엔지니어링(prompt engineering)은 "생성형 AI가 바라는 결과물을 생성하도록 안내하는 과정"으로 정의된다(Amazon Web Services, n.d.). 비록 생성형 AI가 인간을 흉내 내더라도 높은 품질의 적절한 결과물을 창출하기 위해서는 구체적인 지시가 필요하다. 그러므로 프롬프트 엔지니어링에서 사용자는 가장 적합한 형식, 문구, 단어, 기호 등을 사용해 생성형 AI와 상호작용하며, 이 과정에서 AI가 예상하는 대로 작동하도록 하기 위해서는 창의성과 시행착오가 필요하다(Amazon Web Services, n.d.).

과학 교육에 적용된 프롬프트 엔지니어링의 예시로서

리 등(Lee et al., 2024)은 중학생들이 열이 출입하는 상황에서 입자의 운동, 온도, 물질의 상태를 설명하고 예측하는 답안을 지피티-3.5와 지피티-4를 기반으로 자동 채점하였다. 여기서 프롬프트 엔지니어링을 위해 교육학 전공자와 AI 전공자가 협업하는 반복적 프롬프트 엔지니어링 방법론을 제시했으며, 이에 따라 구체적인 프롬프트를 작성하였다

결과적으로 사용된 프롬프트 엔지니어링 기법들은 다음과 같다. (1) 제로샷 러닝(zero-shot learning)은 아무런 예시 없이 대규모 언어 모델에 작업을 요청하는 것을, (2) 퓨샷 러닝(few-shot learning)은 사용자가 원하는 결과물의 예시를 3~5건 정도 제시하면서 작업을 요청하는 것을 의미한다. (3) 연쇄사고(chain-of-thought) 기법은 대규모 언어 모델이 사고의 논리적 과정을 한 단계씩 연쇄적으로 밟아 나가도록 강제함으로써 문제 해결 능력이 향상되도록 하는 것이다. 또한 과학 교육에서의 자동 채점이라는 특수한 맥락상, (4) 인간 평가자가 고안한 채점 루브릭의 제공 여부가 채점 성능에 미치는 영향을 조사하였다. 이때 모든 프롬프트에 공통적으로 (5) "편파적이지 않은 과학 교사로서" 채점을 수행하라는 역할 프롬프팅(role prompting)을 적용하였다. 또한 (6) 지피

티의 답안을 여러 번 받아 가장 빈번한 결과물을 선택하는 일종의 앙상블(ensemble) 기법을 적용하였다.

리 등(Lee et al., 2024)은 지피티의 자동 채점 성능이 문항에 따라 58.85~90.83%에 도달함을 보여 주었다. 이는 훈련 데이터를 따로 투입하지 않았음에도 높은 자동 채점 정확도를 달성할 수 있음을 보여 준 것이다. 여기서 제로샷 러닝보다는 퓨샷 러닝의 성능이 더 우수했으며, 연쇄사고 기법은 채점 루브릭이 주어지지 않았을 때는 성능 향상 효과가 없고 채점 루브릭이 주어졌을 때에만 성능 향상을 가져왔다. 또한 앙상블 기법은 자동 채점 정확도 향상 효과를 보이지 않았다.

본래 연쇄사고 기법은 단순한 산수와 같은 문제들을 대규모 언어 모델이 잘 풀어내도록 하는 데 효과적인 것으로 보고되었다(Kojima et al., 2022). 그러나 채점과 같은 교육적 작업에서는 학생의 답안이 여러 가지 부분 점수 요소들을 충족했는지를 각각 파악해야 하며, 이는 대규모 언어 모델이 내재적으로 갖고 있지 않은 능력이므로 채점 루브릭이 필요했다. 결국 대규모 언어 모델이 과학 교육에서 자동 채점을 위해 사용되기 위해서는 인간의 역할이 중요한 것이다.

참고문헌

Amazon Web Services(n.d.). What is prompt engineering? Amazon. https://aws.amazon.com/what-is/prompt-engineering/

Brown, T. B., et al.(2020). Language models are few-shot learners. arXiv. https://doi.org/10.48550/arXiv.2005.14165

Cooper, G.(2023). Examining science education in ChatGPT: An exploratory study of generative artificial intelligence. *Journal of Science Education and Technology*, 32(3), pp.444-452.

Devlin, J.(2018). BERT: Pre-training of deep bidirectional transformers for language understanding. arXiv preprint arXiv:1810.04805.

Feldman-Maggor, Y., et al.(2024). Perspectives of Generative AI in Chemistry Education Within the TPACK Framework. *Journal of Science Education and Technology.* https://doi.org/10.1007/s10956-024-10147-3

Goodfellow, I., et al.(2016). *Deep Learning. Cambridge.* The MIT Press.

IBM(n.d.). What are large language models (LLMs)?. https://www.ibm.com/topics/large-language-models

Kojima, T., et al.(2022). Large language models are zero-shot reasoners. *Advances in Neural Information Processing Systems,* 35, pp.22199-22213.

Latif, E., et al.(2024). G-SciEdBERT: A contextualized LLM for science assessment tasks in German. arXiv preprint arXiv:2402.06584.

Lee, G. G., et al.(2024). Applying large language models and chain-of-thought for automatic scoring. *Computers and*

Education: Artificial Intelligence, 6, p.100213.
Li, Z., & Ironsi, C. S.(2024). The Efficacy of Generative Artificial Intelligence in Developing Science Education Preservice Teachers' Writing Skills: An Experimental Approach. *Journal of Science Education and Technology.* https://doi.org/10.1007/s10956-024-10148-2
Liu, Z., et al.(2023, June). Context matters: A strategy to pre-train language model for science education. In *International Conference on Artificial Intelligence in Education*(pp.666-674). Cham: Springer Nature Switzerland.
Radford, A., et al.(2018.6.11). Improving language understanding with unsupervised learning. https://cdn.openai.com/research-covers/language-unsupervised/language_understanding_paper.pdf
Wulff, P., et al.(2023). Utilizing a pretrained language model (BERT) to classify preservice physics teachers' written reflections. *International Journal of Artificial Intelligence in Education*, 33(3), pp.439-466.

08
생성형 AI와 과학 교육

생성형 AI는 AI의 활용 범위를 비약적으로 확장했다. 하지만 생성형 AI는 환각을 만들어 내기도 하므로 그에 의한 가짜 정보들을 잘 분별하는 능력이 매우 중요해지는 형국이다. 여기서 때마침 오정보 분별을 중요한 주제로 삼고 있던 과학 교육이 중요한 역할을 할 수 있다.

AI와 한의학?

생성형 AI

생성형(generative) AI는 "높은 품질의 텍스트, 이미지, 그리고 다른 콘텐트를 그 훈련 데이터에 기반하여 생성할 수 있는 딥러닝 모델들"로 정의된다(Martineau, 2023). 챗지피티(ChatGPT), 제미나이(Gemini), 클로드(Claude), 미스트랄(Mistral) 등의 대규모 언어 모델들은 일종의 생성형 AI로 이해할 수 있다. 그런가 하면 달리(DALL · E), 미드저니(Midjourney), 스테이블 디퓨전(Stable Diffusion) 등의 이미지 생성 모델이나 소라(Sora) 등의 영상 생성 모델들 역시 발표 또는 공개되고 있다.

생성형 AI의 대표 주자인 챗지피티는 2022년 11월 30일에 처음 공개된 이후 5일 만에 100만 명, 2달 만에 1억 명의 사용자를 달성하여 역사상 가장 빠르게 확산된 테크놀로지로서 자리매김했다(DeVon, 2023). 이는 챗지피티가 보여 준 가공할 성능, 곧 방대한 정보량과 인간 사용자의 자연어 질의에 역시 매우 유창한 자연어 응답을 내어 놓는 능력 때문이었다고 하겠다. 챗지피티의 출시 직후 몇 개월 동안은 그것이 의사면허 시험, 로스쿨 입학, MBA 졸업 시험 등의 허들을 통과했다는 뉴스들이 지면을 덮기도 했다.

일부 과학 교육 연구자들은 챗지피티를 비롯한 생성형 AI가 매우 큰, 심지어는 '궁극적인 인식적 권위(ultimate epistemic authority)'를 지니는 것처럼 여겨질 위험성이 있다고 말한다(Cooper, 2023). 생성형 AI가 만들어 제공하는 정보가 겉보기엔 굉장히 믿을 만한 것처럼 보이기 때문이다. 이는 완전히 틀렸다고 할 수만은 없는 진술이다. 생성형 AI는 지금까지 전산화된 서적이나 위키피디아 등의 쓸모 있는 데이터를, 어느 정도의 선별 과정을 거쳐 학습의 기반으로 삼으며, 그 크기는 챗지피티의 경우 약 5천억 단어에 달한다(Brown et al., 2020). 결국 요즘의 생성형 AI가 만들어 내는 진술들은 인류가 지금까지 쌓아 올린 데이터의 거울이라고도 할 수 있을 것이다. 이러한 작업을 하는 생성형 AI를 단순히 반복 작업을 하는 기계로만 치부하기는 어렵다.

그러나 이렇듯 생성형 AI의 성능이 향상하여 더 진짜 같은 답변을 내놓게 될수록, 무엇이 실제 경험 세계에서 비롯된 참된 진술인지 무엇이 AI에 의해 기계적으로 구성된 그른 진술인지 혼동을 불러일으키게 될 위험성이 있다. 잘 알려진 환각(hallucination) 현상이 바로 그것이다. 환각 현상은 사용자의 질의에 대해 반드시 무언가 그럴듯한 답을 내놓아야 하는 생성형 AI의 특성에 기인

한다. AI를 학습시킨 데이터에 기반하여 적절히 답할 수 있는 질문이라면 괜찮겠지만, 그 학습 데이터에 충분히 포함되어 있지 않아 적절한 판단을 내리기 어려운 영역에서도 생성형 AI는 그럴듯한 문장을 만들어 내기 때문이다(Alkaissi & McFarlane, 2023). 만약 교사나 학생들이 환각 현상을 충분히 조심하지 않고 생성형 AI가 만들어 내는 진술에 단순히 의존한다면, 교실에서 잘못된 지식을 가르치고 배우는 일이 벌어질 수 있다.

생성형 AI와 오정보

인터넷에 존재하는 모든 정보가 참된 진술만을 담고 있지는 않다. 과학 교육의 맥락에서 오정보(misinformation)란 좋은 의도로 전해졌으나 결함이 있는 정보를, 허위정보(disinformation)란 그것이 결함이 있고 부정확하다는 것을 잘 아는 사람에 의해 전해지는 정보를 의미한다(Osborne et al., 2022). 몇몇 과학 교육 연구자들은 이러한 맥락에서 인터넷이 주요한 정보 습득 창구가 되는 오늘날을 오정보의 홍수(flood) 또는 시대(age)라고까지 표현하며 이를 분별하는 일의 중요성을 강조하고 있다(Osborne et al., 2022).

생성형 AI가 과학 교육과 관련된 오정보를 만들어 낼

수 있다는 점은 쉽게 예상할 수 있다(예: Garofalo & Farenga, 2024). 여기서, 이러한 환각 또는 오정보들로 인한 혼동은 경우에 따라 웃고 넘어갈 일에 그칠 수 있을지도 모른다. 하지만 이것들이 개인의 건강과 재산, 사회와 국가의 질서와 안녕, 지구 환경을 해치는 수준까지도 영향을 미칠 가능성 역시 있다. 의약품 및 백신 등에 관한 잘못된 정보가 더 설득력을 얻는다든지, 사회학적으로 편협한 시각의 정보가 증폭된다든지, 기후 변화에 대한 잘못된 정보가 퍼지는 등으로 생성형 AI가 오용될 수 있기 때문이다.

오픈AI(OpenAI)와 구글 등을 비롯한 빅테크 기업들은 환각 및 오정보의 문제를 기술적으로 해결하려는 시도를 해 왔다. 그러한 노력의 한 줄기는 생성형 AI가 사회 주류의 힘 있는 집단에게 유리한 내용들만 내어놓지 않도록 하는 데 있었다. 하지만 이러한 시도들이 모두 긍정적인 결과만을 가져온 것은 아니었다. 2024년 2월, 구글의 생성형 AI 모델 제미나이가 사용자의 요청에 따라 이미지를 생성하는 과정에서 미국 건국의 아버지들(Founding Fathers)을 흑인으로 그려 내거나 교황을 아시안 여성으로 그려 내는 등 역사적 사실과 다른 표현을 하여 구설에 올랐던 것이다(The Economist, 2024). 이는 생성형 AI의 반응을 인위적으로 조정하여 정의로우면서도 정확한 결과를 도출하도록 하는 일이 매우 어려움을 보여 준다. 결국, 생성형 AI로 인해 더 넓고 깊게 퍼질 수 있는 오정보의 문제는 사용자 쪽에서 잘 대응하는 것이 필수다.

과학 미디어 리터러시

근래 과학 교육에서는 학생들이 인터넷에 넘쳐나는 오정보를 잘 분별하도록 하는 방법에 관한 논의와 연구가 요청되고 있다. 물론 이는 생성형 AI에 국한된 문제가 아니라 과학자 사회에서 합의가 이루어진 과학 지식에 대한 대중의 거부에 일차적인 관련이 있다. 특정 이슈에 대해 다양한 의견이 있을 수 있으나, 적어도 과학 교육은 일차적으로 과학자 사회에서 합의된 지식이 무엇인지를 학생들에게 가르칠 책무가 있는 것이다. 예컨대, 상기한 바와 같이 기후 변화에서 이산화탄소와 인간의 역할, 생물의 기원에 관한 진화론적 설명, 코로나19(COVID-19) 상황에서 마스크와 백신의 효과성 등이 그러한 주제다.

학자들은 과학 미디어 리터러시(science media literacy) 또는 이에 준하는 정보 리터러시(information literacy) 등의 용어로서 이러한 능력을 가리키고 있다(Kresin et al., 2024; Osborne et al., 2022). 과학 교육 연구의 전통적 톱 저널인 ≪과학 교수 연구 저널(Journal of Research in Science Teaching)≫은 이와 관련하여 '과학 부정과 허위정보 시대의 학습과 교수'라는 특별호를 기획하였으며(Lombardi & Busch, 2022), 소셜 네트워크 미디어의 사용 등 특정한 상황에서 학생들의 과학 미디어 리터러시를 증진할 수 있는 방법에 관한 경험적 연구 등을 출판하고 있다(Kresin et al., 2024).

이처럼 과학 교육에 과학 미디어 리터러시를 포함하려는 노력은 제한된 시간과 자원 내에서 학생들을 위한 최선의 학습 경험을 조직하기 위해 어떤 내용을 포함하고 배제하여야 하는가 하는 교육과정의 쟁점과도 밀접한 연관을 맺는다. 특히 OECD(2020)는 학습 내용의 전체 분량이 중요하다기보다는 하나를 배우더라도 깊이 이해하는 것이 중요하며, 고정된 지식을 습득하도록 하는 일이 아니라 학생들의 삶에 적용되어 개인과 사회의 문제를 해결하는 데 기여하는 정보통신기술(ICT)·디지털 리터러시와 미디어 리터러시 등을 길러야 한다고 제안한다. 저명한 과학 교육 연구자들 중에서도 전통적으로 중요시되어 왔던 전자 오비탈의 모양, 벤젠의 화학적 구조, 감수 분열과 체세포 분열 등의 교과 내용 지식을 일부 덜어 내고서라도 미래 사회를 살아갈 학생들에게 오정보 분별과 관련된 내용들을 가르쳐야 한다고 주장하는 경우가 있다(Osborne et al., 2022). 우리나라에서도 국가 교육과정 개정 시기마다 학습량 감축이 주요 쟁점이 되고 있는바, 2022 개정 과학과 교육과정에서 디지털·인공지능 기초 소양 함양을 교수·학습의 목표 중 하나와도 같이 도입하게 된 것은(교육부, 2022) 여타의 교육 내용에 비하여 이것이 갖는 상대우위적 중요성이 인정된 것으로 이해할 수 있다.

이처럼 새롭게 설정되어 가고 있는 과학 교육의 목표와 내용들은 미래 사회를 살아갈 학생들을 위해 필수적이고 요긴한 것으로 생각된다. 그러나 과연 많지 않은 내용 지식을 학습하면서 깊이를 달성할 수 있는지, 또 이로부터 실천적이고 실제적인 역량을 함양할 수 있는지는 이론적 고찰과 실증적 연구가 필요하다. 특히 생성형 AI와 관련한 과학 미디어 리터러시 측정 도구를 개발하고, 이를 함양하기 위해 어떤 교수 학습 방법이 주효한지에 대한 탐색이 시급히 요청된다. 필자의 예상으로는, 올바르고 타당한 판단을 위해서는 생성형 AI뿐만 아니라 교사, 동료, 교과서 등 전통적이면서도 다양한 출처로부터의 정보를 종합적으로 검토하는 능력이 앞으로 매우 중요해질 것이다.

참고문헌

교육부(2022). 과학과 교육과정. 교육부 고시 제2022-33호 [별책 9].

Alkaissi, H., & McFarlane, S. I.(2023). Artificial hallucinations in ChatGPT: Implications in scientific writing. *Cureus*, 15(2), e35179.

Brown, T. B., et al.(2020). Language models are few-shot learners. arXiv. https://doi.org/10.48550/arXiv.2005.14165

Cooper, G.(2023). Examining science education in ChatGPT: An exploratory study of generative artificial intelligence. *Journal of Science Education and Technology*, 32(3), pp.444-452.

DeVon, C.(2023.11.30). On ChatGPT's one-year anniversary, it has more than 1.7 billion users—Here's what it may do next. CNBC.
https://www.cnbc.com/2023/11/30/chatgpts-one-year-anniversary-how-the-viral-ai-chatbot-has-changed.html

Garofalo, S. G., & Farenga, S. J.(2024). Science teacher perceptions of the state of knowledge and education at the advent of generative artificial intelligence popularity. *Science & Education*.
https://doi.org/10.1007/s11191-024-00534-y

Kresin, S., et al.(2024). Students' awareness and conceptions of science-related communication mechanisms on social media. *Journal of Research in Science Teaching*.
https://doi.org/10.1002/tea.21973

Lombardi, D., & Busch, K. C.(2022). Call for papers: Special issue: Learning and teaching in times of science denial and

disinformation. *Journal of Research in Science Teaching*, 59(8), pp.1493–1496.
Martineau, K.(2023.4.20). What is generative AI? IBM.https://research.ibm.com/blog/what-is-generative-AI
Organisation for Economic Co-operation and Development[OECD](2019). *OECD Future of Education and Skills 2030: OECD Learning Compass 2030 – A Series of Concept Notes*. Paris: OECD.
Organisation for Economic Co-operation and Development[OECD](2020). *Curriculum overload: A way forward*. Paris: OECD.
Osborne, J., et al.(2022). *Science Education in an Age of Misinformation*. Stanford University, Stanford, CA.
The Economist(2024.2.28). Is Google's Gemini chatbot woke by accident, or by design? *The Economist*.https://www.economist.com/united-states/2024/02/28/is-googles-gemini-chatbot-woke-by-accident-or-design

09
인간-AI 협력과 과학 교육

인간-컴퓨터 상호작용이라는 개념 틀은 인간-AI 상호작용 역시 바라볼 수 있게 했다. 근래에는 AI가 지능적 행위자로 받아들여지며 존재론적 지위가 높아지고 있다. 이에 인간-AI 협력이라는 관점에서 과학 교육을 해석하려는 움직임 역시 보인다.

AI와 화장품?

인간-컴퓨터 상호작용

컴퓨터 기술이 발달해 온 이래 인간-컴퓨터 상호작용(Human-Computer Interaction, HCI)이 중요한 연구 분야로 확립되었다. 인간-컴퓨터 상호작용을 원활히 하기 위한 인간 측에서의 다양한 영향 요인, 사용성, 인터페이스 설계 등이 철저히 연구되었으며, 특히 교육적 측면에서는 학습 내용을 전달하는 매체(media)로서의 컴퓨터에 주목하여 연구가 이루어졌다(Berg, 2000). 이러한 연구의 기저에는 일견 인간의 마음과 컴퓨터의 작동 방식이 비슷하다고 가정하는 정보처리이론이 놓여 있다고도 볼 수 있을 것이다(Card et al., 1983).

그런데 이러한 인간-컴퓨터 상호작용 논의는 AI 기술의 발달로 인해 점차 인간-AI 상호작용(Human-Artificial Intelligence Interaction)이라는 개념으로 바뀌어 가고 있는 듯하다. 라이 등(Lai et al., 2021)은 2016~2020년의 5년 동안 인간-AI 상호작용에 관한 구글 스칼라(Google Scholar) 문서의 수가 급증하였다고 언급하였다. 필자가 실제로 검색을 수행해 본 결과 2011~2015년에 보고된 인간-AI 상호작용 문건은 34건, 2016~2020년에는 864건, 2021~2023년에는 5060건임을 확인할 수 있었다. 이는 근래 들어 AI의 성능이 더욱 급속도로 향상되면서 AI의 존재론적 지위 역시 제고되어 인간과 AI의 관계를 다시금 새롭게 그려 나갈 필요성이 생기고 있음을 보여 준다.

지능적 행위자로서의 AI

몇몇 학자들은 AI가 인간 활동에 영향을 미칠 수 있는 중요한 지능적 행위자(agent)로 받아들여질 수 있다고 보고 있다. AI를 지능적 행위자로 이해할 수 있는 단초는 카네기멜런대학의 교수이자 전미인공지능학회(American Association for Artificial Intelligence)의 초대 회장이던 앨런 뉴얼(Allen Newell, 1927～1992)이 제공하였다. 뉴얼은 지식을 "행동을 생성할 잠재력이 있는, 역량(competence)과 유사한 개념"으로 정의한다(Newell, 1982, p.100). 여기서 행위자란 "지능 수준에 도달한 시스템"으로서 "행위들, 목표들, 그리고 몸으로 구성된다"(p.98). 행위자는 자신의 특정한 행동이 목표를 달성하는 데 도움이 된다는 것을 안다면, 그러한 행동을 취할 것이다. 뉴얼은 이를 "합리성의 원리(principle of rationality)"라고 지칭한다(p.98). 이러한 뉴얼의 행위자 정의에 부합하듯, AI 분야의 저명한 교과서의 저자인 러셀과 노르비그(Russell & Norvig, 2021) 역시 AI를 "주변 환경으로부터 교훈을 얻어 행동을 취하는 행위자(agent)에 대한 학문"으로 정의한다(p.vii). 이에 따르면 오늘날 우리가 접하고 있는 챗지피티(ChatGPT) 등의 첨단 AI 모델들은 지능적 행위자라고 부르기에 손색이 없다(Oh & Lee, 2024).

여기서, 인간과 AI를 지능적 행위자로 보는 이론적 접근이 인간의 기계화 또는 기계의 인간화를 의미하는 것이 아님에 유의하여야 한다. 뉴얼이 정의한 지능적 행위자는 그것이 인간인지 기계인지, 더 극적으로 표현하자면 그것이 천사나 외계인이라 할지라도 이에 관심을 두지 않는다. 오직 그것이 보이는 행동이 지능적인지를 판정하는 일이 중요할 뿐이다. 그러므로 지능적 행위자의 개념은 섣부른 유물론이나 신비주의적 애니미즘의 양극단의 함정을 피하는 하나의 길이 될 수 있다.

인간-AI 협력

지능적 행위자로서의 AI의 지위가 성립되어 가며 최근 인간과 AI 간의 관계를 나타내는 표현으로 부상하고 있는 것이 인간-AI 협력(Human-AI Collaboration)이다(참조: Hwang et al., 2020). 인간-AI 협력 역시 구글 스칼라 기준 2011~2020년에는 698건의 문서가 확인되나

2021~2023년에는 이미 그 수가 4,420건에 달하고 있다. 이는 인간-AI 상호작용의 중요한 측면이 인간-AI 협력으로서 이해되고 있음을 보여 준다.

여기서 인간-AI 협력이란 인간과 AI가 공동의 목표를 달성하기 위해서 함께 작업하는 것으로 정의할 수 있을 것이다. 헤머 등(Hemmer et al., 2021)은 기존의 인간-AI 상호작용 개념이 AI의 행동이나 결정에 관한 설명 가능성(explainability)을 충분히 고려하지 못한 부분이 있으므로, 설명 가능한 AI(explainable AI)의 관점에서 인간과 AI의 상호보완적 협력을 통한 하이브리드 지능을 추구해야 한다고 하였다. 한편 전미과학공학의학한림원(National Academies of Sciences, Engineering, and Medicine, 2022)은 군사적 측면에서 인간-AI 팀 형성을 논의하면서, "인간과 AI 시스템 간의 협력을 돕는 더 나은 방법을 특정하기 위한 연구가 필요하다"고 하였다(p.3).

전통적인 협력 학습 이론에서는 이질적인 행위자들이 형성하는 집단이 행위자들 간의 복잡다단한 상호작용을 촉진하므로 동질적인 행위자들의 그것에 비해 지식의 발견과 구성에 더 큰 도움을 준다고 보아 왔다(Hakkarainen et al., 2013). 만약 이 믿음이 사실이라면 인간-AI 협력은 현재 우리가 상상할 수 있는 가장 이질적인 행위자들 간의 상호작용이므로 미래 학습 이론의 전개에서 중대한 영향을 미치는 고려 사항이 될 것이다. 이 외에도 문화역사적 활동 이론(Cultural-Historical Activity Theory), 컴퓨터 기반 협력 학습(Computer- Supported Collaborative Learning) 이론, 행위자 네트워크 이론(Actor-Network Theory) 등도 학습에서의 인간-AI 협력의 가능성을 뒷받침하는 것으로 이해할 수 있다(Lee et al., 2024).

그런가 하면 보다 최근의 논의로서 김 등(Kim et al., 2022)은 (1) 교육과정, (2) 학생-AI 상호작용, (3) 환경, (4) 시간에 따른 발전이라는 구성 요소로 이루어진 학생-AI 협력 모델을 제시하였다. 한편 김(Kim, 2022)은 인간-AI 협력이 이루어지는 과학 교실의 시나리오들을 제시하였다. 김(Kim, 2022)은 특별히 학생들에게 AI가 머신러닝을 통해 일종의 지식을 산출하는 현상을 제시하면서, 과연 인식적 과정이란 무엇인지, 그것의 목표와 평가 방법은 무엇일지 등의 논의로 그들을 초대할 필요가 있다고 하였다.

이러한 논의들에 기반하여 이 등(Lee et al., 2024)은 인간과 AI가 구성주의 학습 이론에 기반한 협력 학습에 함께 참여하는 행위자가 될 수 있음을 보인 바 있다. 해당 연구에서는 4~5명의 예비 과학 교사들이 1대의 AI 스피커와 한 소그룹을 이루었다. 전통적인 협력 학습 방법 중 하나인 지그소(Jigsaw) 모형에 따라, 학생들과 AI 스피커는 소그룹 구성원으로서 과학 학습 이론에 관한 전체 학습 내용의 한 파트씩을 각각 조사하고 이를 다른 구성원들에게 설명해 주는 역할을 맡았다. 약 60분간 이어진 지그소 협력 학습에서 인간 학습자뿐 아니라 AI 스피커 역시 소그룹 단위에서 지식이 형성되는 데 기여하는 행위자가 될 수 있음을 관찰하였다. 학생들은 앞으로 AI가 교수자와 학생 사이에서 지식을 매개하는 역할을 할 것이라고 보았다.

위에서 살펴보았듯이 인간-AI 협력을 교실 현장에서 구현하고자 하는 경험적 연구 역시 이미 보고되고 있는 바, 추후 연구들에서는 이 두 종류의 행위자 간 상호작용이 더욱 정교하게 조율되어 과학 교수 학습을 효과적으로 촉진하는 데까지 나아가야 할 것이다.

참고문헌

Berg, G. A.(2000). Human-computer interaction (HCI) in educational environments: Implications of understanding computers as media. *Journal of Educational Multimedia and Hypermedia*, 9(4), pp.347–368.

Card, S. K., et al.(1983). *The psychology of human-computer interaction.* CRC Press.

Hakkarainen, K., et al.(2013). Sociocultural perspectives on collaborative learning: Toward collaborative knowledge creation. In C. E. Hmelo-Silver, et al.(Eds.). *The international handbook of collaborative learning*(pp. 57–73). Routledge.

Hemmer, P., et al.(2021). Human-AI complementarity in hybrid intelligence systems: A structured literature review. In *Proceedings of Twenty-fifth Pacific Asia Conference on Information Systems*(pp. 78–91).

Hwang, G. J., et al.(2020). Vision, challenges, roles and research issues of Artificial Intelligence in Education. *Computers and Education: Artificial Intelligence*, 1, p.100001.

Kim, J., et al.(2022). Learning design to support student-AI collaboration: Perspectives of leading teachers for AI in education. *Education and Information Technologies*, 27, pp.6069–6104.

Kim, W. J. (2022). AI-integrated science teaching through facilitating epistemic discourse in the classroom. Asia-Pacific Science Education, 8, 9–42.

Lai, V., et al.(2021). Towards a science of human-AI decision making: A survey of empirical studies. arXiv preprint arXiv: 2112. 11471.

Lee, G. G., et al.(2024). Collaborative learning with artificial intelligence speakers: Pre-service elementary science teachers' responses to the prototype. *Science & Education.*

https://doi.org/10.1007/s11191-024-00526-y

National Academies of Sciences, Engineering, and Medicine[NASEM](2022). *Human-AI teaming: State-of-the-art and research needs.* Washington, DC: The National Academies Press. https://doi.org/10.17226/26355

Newell, A.(1982). The knowledge level. *Artificial Intelligence,* 18(1), pp.87 – 127.

Russell, S., & Norvig, P.(2021). *Artificial intelligence: A modern approach*(Global 4th edition). Pearson.

Oh, P. S., & Lee, G. -G.(2024). Confronting imminent challenges in humane epistemic agency in science education: An interview with ChatGPT. *Science & Education.* https://doi.org/10.1007/s11191-024-00515-1

10
학습과 교육

AI는 끊임없이 '인간만이 할 수 있는' 일들의 영역을 침범해 온다. AI의 발전은 필연적으로 인간론에 대한 질문을 던진다. 하지만 기계의 과학 '학습'과 인간의 과학 '교육'은 분명히 다르다. AI 시대에는 인격적 지식에 기반한 과학 교육이 필요하다.

종교와 AI?

이미테이션 게임

현대 컴퓨터 과학의 기틀을 다진 앨런 튜링(Alan Turing, 1912~1954)은 1950년에 발표한 논문에서 이미 '기계는 생각할 수 있는가(Can Machines Think)?' 하는 의문에 답을 시도하였다. 그가 제안하여 동명의 영화로 만들어지기도 하였던 이미테이션 게임(imitation game)은 특정한 기계가 도달한 수준을 다음과 같이 판정할 수 있다고 제안한다. 우선 사람과 컴퓨터가 각각 방에 들어가 있는다. 방 바깥에서 또 다른 사람이 방 안에 있는 사람 또는 컴퓨터와 메시지로 대화를 나눈다. 만약 방 바깥에 있는 사람이 자신이 대화를 나누고 있는 상대가 사람인지 컴퓨터인지 분간하지 못한다면, 컴퓨터는 마치 사람처럼 대화를 나눌 수 있는 수준에 도달한 것이 된다. 즉, 그 기계는 생각할 수 있다(Turing, 1950).

튜링이 제안한 이미테이션 게임은 이후 AI의 지능을 판정하는 데 중요한 철학적 · 기술적 기준이 되어 왔다. 물론 튜링 이후에도 중국어 방 논증이나 한국어 방 논증을 비롯하여 과연 기계가 진정한 지능을 가질 수 있는지에 대한 여러 현대적 논의가 이어져 온 것이 사실이다. 하지만 인간과 기계의 인지기능론적 혼동을 요구하는 이미테이션 게임의 본질은 여전히 우리의 답을 기다리고 있다. 이처럼 지능이라는 것을 기계 역시 가지게 되어 '인간만이 할 수 있는' 일들을 위협한다면, 도대체 인간을 기계와 구분 짓고 인간을 인간답게 만드는 것은 무엇인가?

놀랍게도, 최신의 우리나라 국가 교육과정인 2022 개정 교육과정은 총론의 서두에서 그 '구성 중점'을 "첫째, 인공지능 기술 발전에 따른 디지털 전환, … 등에 의해 사회의 불확실성이 증가하고 있다"는데 두고 있다(교육부, 2022, p.4). 이는 우리가 직면한 도전이 미래 사회를 살아갈 인간을 길러 내는 일과 매우 밀접한 연관이 있음을 보여 준다. 곧, 튜링이 제안한 이미테이션 게임은 AI에 대한 이론으로 출발했을지 모르나 결국은 인간에 대한 질문을 던지고 있는 것이다(이경건, 2018).

학습과 교육

'21세기'를 지향하는 세계의 여러 교육과정 프로젝트는 역량, 기능, 실행, 소양 등의 키워드로 설명되는 지극히 실용적인 기조를 띠는 경향이 있다(예: OECD, 2019). 그런데 이러한 '21세기'형 교육과정들은 교사로부터 학생에게 지식이 전달되는 전통적 학교 '교육(education)' 시스템보다는 학습자 개개인이 자신의 수준과 속도에 맞추어 스스로 '학습(learning)'해 나가는 구도를 선호한다는 공통점 역시 지닌다(McPhail & Rata, 2016). 이때 교사의 역할은 더 이상 기존과 같은 지식의 일방적 전달자가 아니라 학생의 자기 주도적 학습을 돕는 촉진자로 변화한다. 상당히 매력적이다.

그러나 이러한 조류에 비판적인 목소리 역시 존재한다. 예컨대 비스타(Biesta, 2015)는 이러한 현상을 '교육의 학습화(learnification of education)'로 지칭하며 갈수록 각광받는 학습자 중심성에 비해 점차로 축소되어 가는 교사의 전문성을 되살려야 좋은 '교육'이 가능하다고 역설하였다. 조용환(2021) 역시 '교육'은 더 나은 인간 형성의 존재론적 지향으로서 학생에 의한 '학습'과 교사에 의한 '교수'가 조화를 이룰 때 교육다운 교육이 이루어진다고 보았다. 이런 면에서 '학습'과 '교육'은 결코 같지 않다고 할 수 있다.

필자는 위의 논의들에 준하는 '학습'과 '교육'의 대비가 AI와 인간을 비교하는 데에도 적용될 수 있다고 본다. AI를 구현해 내는 핵심 기술인 머신러닝(machine learning)은 일반적으로 '기계학습'으로 번역된다. 이에 따라 많은 경우 AI를 구현하기 위해 모델을 '학습시킨다'거나 '훈련시킨다(train)'는 표현을 대체로 사용한다. 심지어 가끔은 기계를 '가르친다(teach)'는 표현을 쓰는 연구자들도 있다. 그러나 그 어떤 문헌도 '기계 교육(machin education)'이라는 말을 사용하지는 않는 듯하다. 이는 생각할수록 어색하게 느껴지는 표현이다. 반면 인간을 교육한다는 것은 너무나 자연스럽다. 이는 한국어나 영어를 막론하고 우리가 사용하는 언어 안에 '학습'은 인간과 기계 모두에게 적용할 수 있을지 모르나 '교육'만큼은 인간에게 고유하게 속하였다는 암묵적 이해가 반영되어 있기 때문일 것이다(Oh & Lee, 2024). 여기서 우리는 AI 시대에 우리가 지향해야 할 바는 과학 '학습'이라기보다 과학 '교육'임을 느낄 수 있다. 이런 면에서, AI 시대에 어쩌면 '교육'은 인간을 인간답게 만드는 임무를 더욱 강력히 부여받게 될는지도 모른다. 특히 여기서 과학 교사의 역할을 재고찰하게 된다.

인격적 지식

20세기의 물리화학자이자 과학철학자였던 마이클 폴라니(Michael Polanyi, 1891~1976)는 과학 지식의 본성을 인격적 지식(personal knowledge)이라는 개념으로 풀어내었다. 이는 당대의 가장 영향력이 큰 과학철학자라고 할 수 있는 칼 포퍼(Karl Popper, 1902~1994)가 과학 지식이 인간의 인식과는 유리되어 객관적으로 존재하는 것처럼 여긴 것과는 상반된다(강영안, 1996). 다소 극적으로 표현하자면, 폴라니에게 과학 지식은 한 인격으로서의 과학자 또는 학생의 피땀 어린 노력으로 얻어지는 것이며, 때로는 객관적인 증거가 뒷받침되지 않고 있는 실험이라 할지라도 자신의 이론을 증명해 내고자 하는 열정으로 오랜 시간 매달린 헌신의 결과라고 할 수 있다. 그러므로 과학 지식의 발견은 그 사람에게 충만한 만족감조차 가져다줄 수 있다(Polanyi, 1946; 1964; Oh & Lee, 2024).

오와 이(Oh & Lee, 2024)는 폴라니의 사상에 비추어 생성형 AI의 대표 주자인 챗지피티(ChatGPT)가 손쉽게 생성해 내는 과학 지식과 학생이 힘들고 어려운 과정을 통해 생성해 가는 과학 지식을 비교하였다. 그들은 챗지피티와의 인터뷰를 통해 챗지피티가 만들어 내는 과학 지식은 비체화된(non-bodied), 강건한(robust), 탈착된(detached), 결과적으로 기계적인(automatous) 지식임을 주장하였다. 반면 인간이 만들어 내는 과학 지식은 체화된(embodied), 값실린(value-laden), 부착된(engage) 지식이므로 결과적으로 인격적인 지식임을 역설하였다. 챗지피티를 비롯한 생성형 AI가 존재하는 시대라 하더라도 인간 학생을 위한 과학 '교육'이 그 고유한 의미를 갖는 것이다.

파커 파머(Parker Plamer, 1939~)는 폴라니의 인격적 지식 관점에 기대어 교육 현장에서 "어떤 이론이 아니라, 교사가, 인식론적 사슬 안의 살아 있는 연결 고리"로서 "앎(knowing)에 대한 접근과 삶(living)에 대한 접근 모두를" 다룰 수 있는 존재임을 역설하였다(Palmer, 1983, p.29). 이런 면에서 필자는 인격적 지식은 인격적인 관계를 통해서 습득되는 지식이라고 본다. 곧, 과학 교사와 학생의 인격적 상호작용이 좋은 과학 '교육'의 전제 조건이다(이경건 · 오필석, 2023). 그리고 이러한 인격적 과학 '교육'은 학문적 수월성조차 약속한다. 폴라니가 비록 자신은 노벨상을 수상하지 못하였으나, 자신의 아들과 제자 두 명까지 노벨상 수상자를 세 명이나 배출하였던 것이다. 이는 AI 시대에 우리가 상상하고 그려 나갈 과학 '교육'이 인격적 지식과 관계에 기반하여야 할 또 다른 좋은 이유다(참고: 이경건, 2023).

참고문헌

강영안(1996). 『주체는 죽었는가』. 서울: 문예출판사.
교육부(2022). 『초 · 중등학교 교육과정 총론』. 교육부 고시

제2022-33호 [별책 1]
이경건(2018). '하나님의 형상의 형상(Imago Imaginis Dei)'로서의 인공지능 이해: 기독론적 인간론의 관점에서. ≪신앙과 학문≫, 23(4), 139-178쪽.
이경건(2023). 창조 신앙과 과학 교육: 인격 안에서. 크리스천과학기술포럼 소식지 ≪CS 매거진≫, 12호, 14-17쪽. http://www.cfse.kr/board_vily80/26475
이경건·오필석(2023). 폴라니의 인격적 지식 관점에서 바라본 과학적 실행 기반의 과학 교육의 당위성. ≪한국과학교육학회지≫, 43(5), 459-467쪽.
조용환 (2021). 『교육다운 교육: 어떤 교육이 교육다운 교육인가?』. 서울: 바른북스.
Biesta, G.(2015). What is education for? On good education, teacher judgement, and educational professionalism. *European Journal of Education*, 50(1), pp.75-87.
McPhail, G., & Rata, E.(2016). Comparing curriculum types: 'Powerful knowledge' and '21st century learning'. *New Zealand Journal of Educational Studies*, 51(1), pp.53-68.
Oh, P. S., & Lee, G. -G.(2024). Confronting imminent challenges in humane epistemic agency in science education: An interview with ChatGPT. *Science & Education*. https://doi.org/10.1007/s11191-024-00515-1
Organisation for Economic Co-operation and Development[OECD](2019). *OECD Future of Education and Skills 2030: OECD Learning Compass 2030 - A Series of Concept Notes*. Paris: OECD.
Palmer, P. J.(1983). *To know as we are known: Education as a spiritual journey*. San Francisco: Harper & Row.
Polanyi, M.(1946). *Science, faith, and society*. University of

Chicago Press.
Polanyi, M.(1964). *Personal knowledge*. Harper & Row.
Turing, A. M.(1950). Computing machinery and intelligence. *Mind*, 59(236), pp.433–460.

이경건

싱가포르 난양이공대학교 국립교육원의 자연과학 및 과학교육과 조교수다. 서울대학교에서 화학교육(이학사) 및 컴퓨터공학(공학사)을 전공하고 동 대학원에서 과학교육학으로 교육학 박사학위를 취득했다. 이후 미국 조지아대학교(University of Georgia)의 스템교육을 위한 AI 센터(AI4STEM Education Center)에서 박사 후 연구원으로 근무했다. 한국교육학회 및 대한화학회에서 각각 박사학위논문상을, 한국과학교육학회에서 신진연구상을 수상했다. 50여 편의 논문을 SCI, SSCI, A&HCI, SCOPUS, KCI 등재학술지에 게재했다.